闭一只眼看男人

七七未央/编著

天津科学技术出版社

图书在版编目(CIP)数据

闭一只眼看男人/七七未央编著. —天津:天津科学技术出版社,2008

ISBN 978-7-5308-4435-9

Ⅰ. 闭… Ⅱ. 七… Ⅲ. 女性—爱情—通俗读物 Ⅳ. C913.1-49

中国版本图书馆 CIP 数据核字(2007)第 184368 号

责任编辑:吴文博

责任印制:白彦生

天津科学技术出版社出版

出版人:胡振泰

天津市西康路 35 号　邮编 300051

电话(022)23332393(发行部)　23332392(市场部)　27217980(邮购部)

网址:www.tjkjcbs.com.cn

新华书店经销

北京盛兰兄弟印刷装订有限公司印刷

开本 889×1194　1/32　印张 6.75　字数 158 000

2008 年 1 月第 1 版第 1 次印刷

定价:18.00 元

目 录
CONTENTS

上半身情

当你爱的人不再爱你 / 3

他是否爱上你 / 7

摇摆的爱如何抉择 / 11

是否要为他改变 / 13

爱无能的改变 / 18

拒绝旧情人 / 22

止步于第三类情感 / 26

同情与爱如何区分 / 30

没有人在原地等你 / 34

爱要及时说 / 38

别把网恋当回事 / 41

嫁不掉的原因 / 46

物质与爱情孰轻孰重 / 49

摆脱纠缠 / 54

别让误会成死结 / 58

降服钻石王老五 / 64

下半身爱

和已婚男人的感情该进该退 / 71

直面性骚扰 / 76

将流言扼杀于无形 / 81

合租的罪与罚 / 84

他为什么不结婚? / 88

没有了初贞更要守身如玉 / 93

试婚不可取 / 98

身体不是爱情的救赎 / 101

买来的爱能否长久 / 107

打破游戏里的幻觉 / 111

揭下爱情骗子的画皮 / 116

不做单亲妈妈 / 120

唤醒他的失忆症 / 126

身与心出轨哪个可以原谅 / 130

在婚姻的框架上荡秋千

嫁给他你决定了吗？ / 137

让吵架成为艺术 / 142

对家庭暴力说不 / 147

该不该取缔他的私房钱？ / 152

别用出轨惩罚他的不忠 / 158

你的宽容是对他的放纵 / 162

和丈夫的情人面对面 / 167

如何度过失去亲人之痛 / 171

安然度过爱情保鲜期 / 176

与工作狂的相处之道 / 181

事业和婚姻可以两全 / 186

不做周末夫妻 / 190

准他留有回忆空间 / 194

感情不需要替身 / 198

你的他是 Gay 吗？ / 202

后　记 / 207

每个女人都可能是小阿
每个男人都可能是明诚

当你爱的人不再爱你

小阿:"在头、心脏、肺腑、四肢当中,你把我当成哪一部分?"

明诚:"盲肠!"

你是否相信男人的承诺?是否能洞察他的内心?他爱你是否同你爱他一样深?你付出的深情是否在钟爱人的身上得到回报?

这世上承诺最为轻贱也最为珍贵——当他爱你时誓言、盟约便字字珠玑,句句玉石;当他叛离时那荡气回肠的死生契约便是最大的嘲弄。

曾有一个人对小阿许下重誓,他说:"许你负我,我若负你,必不得善终!"阳光从树的间隙中热情地倾洒下来,做了这场情感的见证。

一句承诺便拴系了一生。斯时,明诚闭目时许下的誓言小阿是信了的,因为随口许下的承诺而忽略了身边的美好,看华年空掷而不觉哀伤。曾欢天喜地指向地摊上的一枚戒指撒娇让他买下来,明诚的迟疑让小阿内心坠入无边的空洞,可是在将戒指佩戴在她的中指上时,他的语气却显出与这枚廉价戒指不相称的凝重,他说:"委屈你,他日我若发达,一定买一枚真正的钻石给你。小阿,那时你便是我的妻!"

他的穷苦与围绕在小阿身边的名流雅士形成巨大的落差。可小阿愿意为这样一个人佩戴这样廉价的戒指,她甘愿被苦涩的爱所束缚。

那枚戒指没有精湛的工艺,只有粗糙的凹嵌图案,黄铜心外镀了银面。戴的久了,甚至现出斑斑斓斓的底色。但小阿看它,分明不是简单的戒指,它是心悸的誓言,爱的解语。无论睡觉还是沐浴,小阿从未取下过,它已经真切地溶入了一个痴情女子的生命。

后来,明诚小富起来,肚腩渐丰腴,能代表他摆脱穷苦的最大的标志是他买给小阿款式各异的戒指,但小阿愿望中的话他终究没有说。

不止如此,他对小阿的注视时间越来越短暂,短暂得犹如蜻蜓点水。他越来越缺乏耐心,不再对小阿的着装发出赞美,不再对小阿费心烧好的饭菜迁就,甚至于在小阿兴致勃勃的倾诉中酣然睡去,全然不顾转身后小阿流下的清冷泪水。

世上可有一种感情可以相随永生?可有一个人抛却生死的畏惧,看穿显贵与穷苦,一辈子相依偎、不离弃?

你还爱我吗?并非要四目相对问出口,千头万绪的情感完全可以在测试中理出端倪。电话正忙的他听说你生了急病,他如何表现?

A. 放下电话立即赶回来

B. 轻描淡写地告诉你会派人照顾你

C. 不耐烦地告诉你正忙

测试结果

A. 他对你的爱意正浓,你始终是他心里最重要的。

B. 他正在疏远你,分手只是在等待适合的时机。

C. 你和他的感情已亮起了红灯,马上就要到了说再见的时候。

爱,因习惯而默然。细心缝补不了爱的间隙,他的疏离完全可以觉察。

小阿等到的是明诚轻描淡写的"再见"。他全盘忘记曾经的承诺,他自然不会因辜负而不得善终,他许下不能兑现的承诺,对自己的离开心安理得,不爱说得凝练而简决,神色间没有愧疚只有倦然。

怨恨吗?在沉沦里摆不脱伤悲,此后日与夜再无概念。《失恋了怎么办》这首曲目中代表着所有伤心人反反复复的追问——

失恋了怎么办
我要一个答案
心里面的不安　多到无法计算
别笑我太悲观
脸上总是带着伤感
因为爱给了我遗憾
失恋了怎么办
越怕越是孤单
你变得好冷淡　不再跟我交谈
我失去了判断
到底是我不够勇敢
还是你本来就不爱

如果爱已不再,追问又有什么意义?

当他不再爱你,你遇到麻烦而彷徨时的求助便是他的负累;当他不再爱你,你与他倾心的交流便是他无法容忍的讨厌啰嗦;

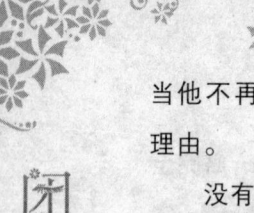

当他不再爱你,你的短信、电话、问候统统都会成为他烦躁的理由。

没有爱,注定挤不进他的生命。他若在乎你,一定舍不得爱着的你为他流泪;他若不在乎你,你的悲痛欲绝是否还有价值?那些热烈的拥抱、深情的拥吻,回忆起来是否还有必要?把泪水、情感交给不爱的人是否值得?

你可以短暂的悲伤,却不能长久的苦痛。亲爱的,你当记得,对一个不爱你的人,不值得你用生命去凭吊。

爱无对错,别苦苦纠缠你的得失,他爱你时出自本意,他同样也有投入和付出,离开时也并非他的故意变心,只是无法对心生的厌倦伪装成欣喜,若强迫一个不再爱你的人苦颜留在身边,那是比失去他更为深刻的悲哀。

没有同生的缘,注定不会走永生的路。离开时,认真地问自己一句:是否还在爱他?若已不爱,千万不要为了可怜的自尊而不肯离开;若还深爱,应当希望自己爱着的人过得更为快乐。爱不是占有,放爱一条生路。

若不能达观地给他祝福,宁愿遗忘也不要让怨恨流淌成河。回忆只会使你不能自拔,怨怒只会令他更加厌弃你。当他放开你的手,所有的挽留都不明智,不止为结束而哭,更应为发生而笑。亲爱的,深呼吸之后,便是重生。

爱无终止,这一路的情感,饱绽爱的花蕾,爱里自有芬芳。

他是否爱上你

明诚:"酒还是少喝为妙,小心肝。"

小阿:"小宝贝!"

好像一个春天的前奏,他的注视热烈而浓情,他的关怀真切而感动,完整而鲜明的情节一旦铺开,便抑制不住爱情的告白,那些炽热的情感岩浆般的奔涌而出,将主题烘托得更加明确突出。

那天被明诚叫出来时,就已经预知到即将发生的一切,几乎被幸福洞穿。

沿着涌泉的广场走了一圈又一圈,明诚的表情始终凝重,小阿甜蜜地微笑着,想着不急不急,给明诚时间,给他郑重的表露。

夜色慢慢袭来,是天地间笼罩的一袭温柔外衣。明诚终于艰难开口:"小阿,我爱上一个女孩,可我要怎样才能对她开口?让她明白我的心意?"

小阿冲口而出:"明诚,我明白的,我明白你的心意。从你进公司第一天起,我就感觉到你对我的注目,我在你长时间的凝视里看懂了你的心思;在你为我解决每一个方案时看到你对我的好;在你关心我休息与睡眠时知道你爱我。明诚,你不用表白,我知道的,我知道。"

看着明诚艰难地张大嘴巴,又急急地打断他:"我知道你今天叫我出来的意思,你想问我对你的态度,我也喜欢你。"绯红跃上小阿的脸,隐在夜色之中。

"不是这样的,小阿,你误会了。我叫你来是想让你帮我出出主意,我爱上了同事小媚,可是她像个高傲的公主,女孩最懂得女孩的心思,我是想问你如何能追到她?

我有没有对你说过你的长相酷似我的妹妹?我对你注目,帮你解决工作难题是为了弥补我小时欺负她的愧疚,我关心你的休息与睡眠是怜惜你的柔弱。小阿,如果我让你误会,那么允许我说对不起!"

字字句句有如重锤一般砸向小阿,仿佛只在睡梦里打了个盹,一切就都变了。小阿掩面逃去,身后却是逃不开的明诚的影子——他从公司进出,总是随身携带硕大的手包,手包里总带着自己最爱的吃食;和公司同事一起爬山,他拽着她的手爬过陡峭的山体,他掌心的潮热温暖是她一生的怀想。

写在脸上的微笑,是发自内心吗?来自眼睛里的柔情,是出于爱意吗?以为爱的人,为何变得如此陌生?

黑白片回放的过往,有不断过滤加深的一幕幕,看到明诚坚定地走近,那一双眼睛,亮,笃定,坚毅,看得透她深处破败的伤口。

有一种悲伤叫往事如风,

有一种孤独叫冷冷清清,

有一种遗憾叫大梦初醒,

有一种失落叫自作多情。

抢先出口的表白如同对着湖面抛出的石子,表面虽澄澈看不到涟漪,而一些淤泥分明从湖底浮泛而来,隐秘的内心一片混浊。

爱上他,爱了那么久,那样纯真的爱恋,不是因为寂寞才爱,不是因为无聊才爱,不是因为孤独才爱。情感穿越的时光是一场浩大的劫难,键盘上敲下的字句,手稿里的满满思念,内心的莺飞草长终成虚空。走不进他的心里,原来只当自己是妹妹的。这样疼痛的梦里幻觉!

世间可有比自作多情更为尴尬的? 只见苍山不见月。

对的时间遇见对的人,是一生幸福。

对的时间遇见错的人,是一场心伤。

错的时间遇见对的人,是一段荒唐。

错的时间遇见错的人,是一声叹息。

如果身边正有个男子看似含情脉脉,并不确定他是否钟情。殷勤回复每一条短信也许是因为并不在意留下怎样的印象;有事情第一个找你出主意也许是因为不想拿无伤大雅的问题去烦自己所爱的人;在你的面前展示最真实的一面也许是因为根本没必要掩饰他的缺点。总之在他没有明确对你说"我爱你"之前,一定要抛开那些不切实际的多情幻想。心瞒不过言行,若他心底有爱,定有蛛丝马迹予以显露。他邀请你去过他家里吗?

A.有而且不止一次

B.有过

C.从来没有过

测试结果

A.他珍视你已久,正等待合适的表露时机。

B.你在他心里分量并不重,至少他没有将你发展成恋人的考虑。

C.他只是视你为普通朋友。

知我者谓我心忧,不知我者谓我何求?

真正的爱发自内心,他欢喜与你在一起,唇角总有抑不住的

欢笑。

真正的爱不言形式,他的心始终为你萦绕,记挂安危,牵挂冷暖,以你的爱乐为最大爱乐。

真正的爱不问因由,他绝不会愚蠢地将你比及其他,评评点点孰优孰劣,于他内心,环肥艳瘦虽有千秋,但你,始终最好。

真正的爱绝不苛责,你的娇宠他谓之欣喜,连愚蠢一并接纳,他不在你身上予以框架,施以恩威,将你予他理想塑造。

真正的爱施及于人,爱屋及乌你的三亲,四友,他以你的血脉为血脉。

真正的爱是狂,是痴,是爱纵,是娇宠,是"依依脉脉两如何,细似轻丝渺似波",他满心欢喜和你一起,对片刻相守也感恩,他拒绝别人示好,满心满眼只你一人。

恋人与朋友还有着更细微的差别:

与人口角烦闷时,句句顺从、附和批驳的是朋友;帮你理清来龙去脉,矫枉过正的是恋人;

生病心情大糟时,陪你说好话,用言语哄你开心的是朋友;雨里雪里身前身后跑来跑去为你治病寻药的是恋人;

与人交往狂放豪饮时,插科打诨百众前见你不支,仍然为你倒酒的是朋友;用手遮住酒杯阻止倒酒,夺下满杯满饮代你喝代你醉的是恋人;

……

明确对方的心,就可以避免抢先出口"我爱你"的尴尬,但更多时候,虽然能够看清楚他的心意,但终究心有余而力不足。如果这一场情感的错位已经不慎让他读到,你已明确知道他心里的人并不是你,要庆幸作茧自缚的情感由他帮助你来打破,避免了更深的沦陷,找好下一个出口,逃开爱情,扬长而去。

很爱很爱又如何？如果注定是未了的结局，便不能以爱情的名义伤害任何人，包括我们自己。记住爱里的教训，那么在下一个爱恋当中就不再是轮回。

摇摆的爱如何抉择

明诚："地震时你如果只能救一个人，是选择救我还是救他？"

小阿："选择救我妈妈。"

在时空里穿梭，渐渐成长，与不同的人遭遇，路过一些，相识一些，挥别一些。经历过多少爱？遇见几个相爱的人？回忆过去，有太多地方可明确自己的心。如你疲惫不堪，如下是可供休息的地方，你会选择哪个？

A. 红磨坊

B. 饼屋

C. 美人鱼的家

D. 一休的家

测试结果

A. 花心型。今日张郎明日李郎，让你固定一个伴侣简直是不可能的事。

B. 专一型。你很清楚你的所需，不会陷入两难的选择。

C. 幻想型。你爱上的只是爱的感觉，而不是具体的某个人，对爱过于理想化。

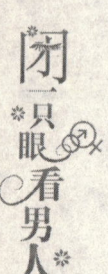

D. 心如止水。理性得近乎苛刻的目光使你寻觅到合乎心意的人太难。

茫茫人海,谁是真正适合自己的那个人呢?珍爱是爱,博爱亦是爱,不同的一个字,意思却千差万别。而心里同时容纳的人,虽在爱里呈现偏颇,但在情感上却难以取舍抉择不下。

元朗和明诚都是小阿喜欢的。元朗高大帅气,却不平实,更不懂得生活的细节与艺术。与他在一起,小阿萌生出强烈照顾他的意愿,他也总是在逆转的角色里安然享受小阿的照顾。

而明诚稳妥重情,懂得爱护,把她的苦当成了自己的苦。他希望受伤的人是他而不是她。当他把小阿的手置于自己温暖的掌心,小阿真切地体会到这个男人的爱之深。

若说到终生相依,明诚是首选,但弃元朗而选明诚,又悖驳小阿的心意。

喜欢元朗是一种世俗之爱吧,因他聚焦了几乎所有女孩子的目光,但和元朗在一起,常会有无可名状之痛——难的是这两个人分不清孰轻孰重。

元朗和明诚各自知道彼此的存在,这种尴尬的关系一直维持着,谁也没有逼迫小阿做出选择,但是谁也不想退出。

在晴朗的午后,三个人走在一起,路口有许多小小水洼,不得已成纵队行走,一辆车悄声地从后面驶过来,小阿猛地去扯元朗的衣襟,而明诚却冲过来侧身挡住她。

溅起的泥水弄脏了明诚的衣服,而他只顾着她的无恙。

这是一种习惯。明诚用自己的身体为小阿挡住汹涌的车流,更为她挡住风雨和危险。他已经将照顾小阿当成天职和使命,这一切元朗做不到。元朗太像长不大的孩子,他不会顾惜自己,又怎么可能去照顾别人?

简单的动作让小阿感受到明诚的细微之爱,也促成了她的抉择。

面对小阿分手的决定,元朗一脸急迫的无辜。"我那么爱你,你为什么做出这样的选择?"

"因为明诚能走在我左侧。"

"什么意思? 他是左撇子?"

"不,他习惯站在左边保护我,因为爱我,才会在意我的安全。"

元朗愣住了,半晌喃喃自语:"他做到的我同样可以做到,我也可以走在你的左侧。"

爱在每一个细微处,又岂是训导所能教化的?

选择爱你的人还是你爱的人? 这世上本没有什么难以抉择的爱,看那些生活的细节,总有他的深爱在不经意流露出来,爱你,并非要一见钟情的浪漫,也非刻骨铭心的誓言,更不必有王子和公主般的,水与火的缠绵。爱你,是他肯于走在你的左侧,用身体为你围起安全的空间,他不必说一句话,可他的迁就、他的娇纵、他的体贴、他的无微不至的怜爱尽在其中。

是否要为他改变

明诚:"照片上的这个男人是你以前的男朋友吗?"

小阿:"当然不是,傻瓜!"

明诚:"那这是谁?"

小阿:"那是手术之前的我。"

敬拜即意味着降服。没有人愿意降服,因它蕴含失败,令人联想到失败的战役、输了的游戏或向强者的屈服。无人愿做失败者。

但在爱里,却有人情愿卑微,使自己卑微到尘埃里去,这种卑微的仰看、甘心的降服不是出于害怕或责任,而是因为爱。

"如果你减到90斤,我就娶你。"

"当真?你当真会娶我?"小阿仰起头追问。阳光打在她的脸上,有种迷离的微醺。

"是啊是啊。"明诚的嘴角扬起邪恶的笑容。

因为爱他,所以在乎他的字字句句。在金钱、时间、精力上的耗费达到了空前的程度,她不畏惧,想着只一步之遥的相拥相守,就幸福得战栗。

只要减到90斤……

一旦一个女人立志为了她爱的男人做一件事,那种毅力是很可怕的。

此后,晨曦暮色中都会见到小阿奔跑的身影,时光被抛在脑后。明诚身边的女孩子照旧蝴蝶般的穿行,小阿就在他们恩爱的相拥中泪眼模糊地向前奔去,她告诉自己:只要好好锻炼,他一定会回到自己身边。

奔跑奔跑,向着他艰难行进。

全身的丰硕肌肉波浪般不断抖动,气喘、乏力,几乎不能呼吸,腿也沉重得有如重负,可她仍在坚持。只有在近乎自虐中才能忘记他同别人在一起带来的苦痛,感觉幸福的间距不断缩小。

努力摆臂就可以再多撑一会;不要因为跑不动而减小步幅,

这样更容易达到极限,在极限的那200米,会觉得呼吸十分困难,步子沉重,但是达到极限之后,只要用惯性跑步就好了,一点都不会觉得累……

她一二三地总结若干心得,以朝圣般的真诚向着至爱膜拜,却换不来他的倾顾。偶尔得他冷冷一瞥,也是嘲笑般地对着新结识的女友指指戳戳——"宝贝,你千万不要变成这样摊开的肥肉,若如此,我是再也不敢要你了。"

在明诚眼里,她不是情感丰富的一个人,而是摊开的一堆肉!也因此,她是不配谈爱的。

小阿做着明诚训诫女友的负面教材,为他随口掷出的一句玩笑倾情付出,她的运动量逐日增加,任凭汗水在冷风中风干。

小阿并不知道,纵然再努力,她也到达不了终点。

长期的节食,超负荷的运动量使小阿体力不支,她频繁出现头晕、眼花症状,常常不觉间一头栽倒,更可悲的是她得了厌食症。

很多食物刚一放进嘴里,就会哇地吐出来,如愿地消瘦下去。过秤,八十斤刚过!

脸色晦暗,双目毫无神色,但内心却雀跃着。

"你不是说过要娶我?"急巴巴地等他兑现承诺,明诚张大嘴巴看着骷髅样的小阿,闪电般地伸出一只指头——"就凭你?"

闻弦歌而知雅意,他一直是不爱的。

为什么要为他改变呢?如果恰好不是他喜欢的类型,改变了他就会真心爱你?

想起朋友的一个小测试,一个小偷溜进了王宫,你认为他是会偷走钥匙?皇冠?宝镜?还是古董茶壶?

贪婪地选了ABD,朋友说,这正暗示着你愿意为爱情付出的代价。从心理学的角度而言,A代表着朋友,选择它的人见色忘友。B是名誉和地位的象征,选择它的人会为了爱情抛弃富裕的生活以及令人尊敬的荣誉和地位。D是包容力的象征,暗示着家人,选择它的人为了爱情不惜给自己和家人带来不幸。

朋友取笑小阿是典型的见色忘友,抛弃名利,是爱情的狂热信徒,小阿抗议着说:"我哪里有?"而不觉之中就在爱里沦陷下去,与反对她的朋友和家人发生争执,那时可曾记得自己曾说过的话?

在爱里沉迷而不自知,那漏选的C代表了宝镜,可以反观出自己的影像的宝镜,是未来的象征。都说选它的人,属于愿意为爱情放弃大好前程的人,同时,也是比较注重把握眼前幸福的人。

一样是放弃前途,却有更美好的祝愿在里面,漠视触手可及的幸福,守候遥不可攀的玫瑰园。丢掉自尊荣辱狂热地追捧着,侥幸得到他暂时的垂顾,也不过是爱的假象,失掉的自己又从哪里找回呢?

想象他就在前方,做出奔跑的样子来,自以为可以追逐到他,追逐的却只是自己的梦想。而不断的奔跑始终是画地为牢。以为他最好看最完美,信任依赖他,时时以他为荣。他的不爱却有着种种理由在里面,那种美丽的感觉,亲爱的感觉,羡慕及尊敬的感觉是他所没有的,他看一颗顽石打磨光滑失去棱角,倒要为没有个性而鄙夷。仰首他有如君王,他却并非谁的救世主,真的要跪着祈求他施与你爱吗?要屈尊降贵、委曲求全,放弃真实的自我以迎合他的所需?而他会对这种付出感激和回报?可以心安接受嗟来的跪拜之爱?如果因顺服敬拜要做出卑微的仰视,而以爱侍爱的卑微却不被看顾,那么敛眉顺首的卑微又是做给谁看呢?

怎样才算是投入一场感情?怎样才算是付出?又以怎样的标尺做底线?一直不心甘败给另一个人,不懂得他弃你择她的理由,他爱的类型究竟是哪一种呢?如果给你做歌手的机会,他希望你成为哪一类型的歌手?

A. 玉女歌手
B. 创作歌手
C. 性感歌手
D. 前卫歌手

测试结果

A. 外表天真无邪、清纯可爱,而且说话细声细气的女孩是你爱情路上的劲敌。

B. 你本身是个没有心计的人,而且更认为有了他便会万事无忧,因此精明能干、头脑精明的女孩子很容易令你黯然失色。

C. 天使面孔、魔鬼身材的她是很惹火的类型,但此类女人通常不会只钟情于一个男人,时间一久就会转移目标。

D. 处事硬邦邦的你,绝对会令那些行为放任嚣张,自由散漫的女孩子有机可乘。

囚于情丝编织的牢笼,并在牢笼里上演爱情的博弈,谁输谁赢,往往靠的不是情深爱笃,而是博弈的艺术。以惯于川剧变脸般的迎合,揭下一层又一层面纱,丢掉的只能是真实的自我。谁愿意和假面玩偶生活在一起?人的内心结构和交往需要复杂变化,无法用"他喜欢特立独行的"、"他喜欢温柔可人的"这样简单的话来概括。若初始就不被他欣赏,即便执手的棋子可以从

容落定,他的眼始终在别处,又如何能掳获他的心?

人所以痛苦,在于错误的追求。以虔诚的心,以痴狂的心,以忍耐和无悔来敬拜,开不开花都执著,结不结果都不失落。岂不知人性不是通透简单,爱也从未卑微。对他而言,你不过是浩渺世界中的一个人,但对于这世上的某人,你却是他的整个世界。令他恶心的赘肉也许正是别人眼中可爱的婴儿肥,会是另外一种美丽。

莫为不肯垂顾的人浪费时间,摘下取悦于人的面具,做自己才能在未来赢得真爱。

爱无能的改变

小阿:"我讨厌和他交往,我是被逼的。"
女友:"谁这么缺德逼你?"
小阿:"我妈。"

一份水果三明治,一杯香浓的咖啡,拉开布艺窗帘,充分享受早茶时的愉悦时光。尔后换上得体的服装,施淡淡的妆,镜中的明晰惹得自己怜爱。

一个人在日里穿行,又卸下夜的妆。沉醉的夜里有迷离的目光,燃了半截的香烟夹在指间,脸庞隐在长发里。

一个人悲,一个人喜,一个人的脚印踏实在路上。日与日轮回,对面的位置始终空着,却习惯于这样的独坐,音乐也或有或无,嘴角上扬成可爱的弧度——因为没有期待,所以不会有不确定的感觉。一个人也可以这样优雅自处。一个人的寂寞无关风月。

被追问为什么不交朋友,为什么不结婚这样的话题,微笑着回问:"为什么要结婚? 为什么要交朋友? 一个人有什么不好?"

问的人因而瞠目,谁能说清一个人与两个人的区别? 布幔在白天垂下,窗纱在夜间拉开。吃饭、工作、怀想、发呆、畅饮,两个人能做的事一个人同样可以做到,一个人时的寂寞,两个人时也未必不是双倍的寂寞。这里面的好与坏怎样来辨别呢? 但细细想来,男人的用途又岂止一两件? 心情不好时可以拿他来发泄;倦累时可以倚靠他的肩膀;寒冷时可以以他来取暖;断炊时可以由他来买单……

虽然男人的好处可以一二三的加以罗列,但爱情不论多美好,小阿都没力气再爱了。她呆呆倚在大理石窗台前,望着窗外的翠竹、白色拱桥、流水,感觉四处的蒙蒙灰色,阳光不来,心里都是晦暗的。

明诚从后面过来,阔大的手刚一触及她的双肩,小阿立刻受惊似的身体猛地抽搐一下,眉头恼怒地攒起来。

明诚并不知小阿此刻的内心,长久克制,连她的手指都不去触摸,顺应她的步伐让感情慢热起来,这份生疏早已使他的心里发堵,也愈增加他征服的渴望。

他强硬地掰转小阿的身体,唇温柔地向着小阿的唇覆盖上去。他多想化身阳光给她希望和喜乐,抵达她幽闭的内心。

啪的一声脆响,他臆想中的美妙被这一巴掌结结实实捆了回去,从他怀里挣脱的小阿羞怒地冲出房门。

明诚抚着麻热刺痛的脸愣在原地。他知道感情结束了,纵然爱她,爱她的冷默优雅,但也要畏惧她的疏离。这情不自禁地

拥吻对恋人来讲并不过分,但她的言止暴露了她深层的抗拒。

小阿的恼并不是因他的侵犯,只是并不需要他的怀抱,她要的只是一种做给别人看的假象。她在各种猜测的说辞中被迫与其交往,她将他当成一个肆意发射的靶子,她的射击是致命的,只这一次,他就毙命了。

明诚看穿了她的不甘,却不知道小阿故事里所受的磨难。那些伤永远不会随着时间流逝恢复痊愈,反而会在每一次刷新回忆的时候痛楚而窒,仿佛那个伤口总有流不尽的血——曾有相处甚密的男友,每次在舌与舌旖旎时,总会唇齿闭合轻言承诺——"小阿,我爱你,我要和你一辈子不离不弃。"

一天,忽然发觉他QQ的签名已变成"版权已归我最爱的人所有",后面署上的是另一个女子的名字。他以爱的名义转身而去,与距离上次说爱小阿的时间不足半年。

从此坠入患得患失之中,再有交往,总是将各种最坏的打算考虑其前。他恋转为自恋,而自恋的深度使每一个相亲场景都兴趣索然,不是每个人在爱情变故后仍有信心。譬如在森林的迷路,走进空空的木屋,看见墙上唯一的镜子,你认为这镜子什么样子呢?你的选择即代表此刻的心态。

A. 椭圆形的镜子

B. 方形的镜子

C. 豪华有花边雕刻的镜子

测试结果

A. 人生观会在发生意外时崩溃,始终会将缺憾放在心中。

B. 超级自信。不管遭到任何创伤,都可以再站起来。

C. 自信只是做给人看的,其实对自己不满,害怕被人比下去。

恐惧来自输不起的心态,正因为有不自信的因素在里面,虽然因年长而对若干事可以应付自如,学会一系列变客场为主场的技巧,学会了管理情绪的能力,平和之心渐渐生长出智慧,沉淀下顾盼生辉的魔力,虽然更多男人在晕眩中花了眼,但每一个陌生的场景,每一份陌生的情感,仍会增添她的恐惧。

背负着过往上路,如何让行走不艰难?

也不是不爱自己的,花瓣自由地在水中舒展,身体柔软而慵懒,手漫过莹洁的身体,享受自己的宠爱。

幸福只在当下,不在别处,不在任何人的注目里。

爱的无能为力是不是要比性无能更为可怕?或是受高职位高学历的制约,或是自认人间没有真爱,或是害怕伤害,种种隐忧成了心理的顽疾,需知高职位并非爱的替代,在爱的中途抽身而去,只能证明离去的并不是最适合你的人,仍有亚当在寻觅他的肋骨。

爱是艺术,正如生活也是艺术。爱是人所具有的主动力量,而不是一种被动的情感;它是分担而不是迷恋;它是给予,而不是接受。

带着悦纳之心环顾,环顾预备给予爱的他,截取感动你的点点滴滴,在相处的片段里找回爱的能力。

重要的不是选择谁,而是找回你自己。

拒绝旧情人

小阿:"吓死我,吓死我!"

女友:"你怕什么?我们在人行道上,车子撞不到我们呀!"

小阿:"哎!你有所不知,一个月前,他跟一个女计程车司机跑了,自此以后,每当我听到喇叭声就会吓一大跳,生怕那个计程车司机又将他送回来!"

举世喧嚣都化为背景,只有她与他醒目而突出,曼桢轻轻对沈世钧说:"能见面已经很好了……世钧,我们是回不去了。"

无论曾多么相爱,无论曾如何情深似海,别离后各自不同的路阻挡了经历过的千山万水,那些缠绵、深情、炽热、疯狂都成为过往。回不去了,再也回不去了,无可抵挡的悲凉搅动内心,肝肠寸断。

意外的接到明诚的电话,他在电话里说:"没有什么特别的理由,只是想听一听你的声音,想知道你好不好?"

只这一句,小阿的泪就流了满脸,从前那些记忆点滴的都回来了:他们在她居住的街角吃米线,头挨头,脸对脸;他送她回家,将她揽进怀里,狠狠吻她。

"小阿,是否还记得那时的米线?"他的话催燃了她的记忆,扬升了回忆的温度。她在电话里痛哭失声,他会如从前那样痛惜她的泪吗?

"丫头不哭!丫头不哭!"他手足无措地紧张验证着当年——他曾说过她的眼泪会使他内心痉挛。

痛在加剧、升腾，头脑一片空白。知道一直在骗自己，其实还是深深地爱着他的，他也爱着自己，否则不会再打电话，再问她好不好？

"小阿，我们见个面好不好？"明诚倾力于这句话，急迫地等她的回音，"别拒绝我，我只是想见见你，知道你的胖瘦、心情，你若好我也心安。"

"好！"勉强地回应出来，虚弱得已经支撑不住自己的身体。

定下一个日期。为约定时间的临近心神不宁，坐立不安，将妆补了又补，揽镜照了又照，所有见面会衍生出的情节都一一想到，将所有的心思遮掩到双颊的绯红里。

时钟的脚走啊走，内心仿佛已历经了千百次轮回，想着他日常的生活起居，身边谁在照顾，愈发忧心如焚。

终于还是忍不住将电话打过去，他听不出她的声音，礼貌地问："您好，请问是哪位？"

那一串熟悉的数字，不知道什么时候已被搁置脑后，曾为她彻夜开着手机的人已经将她关在了心门之外，那天的联系也许是无意中拨错了号码，约定是早就忘掉了吧。

"没什么事，我只是想告诉你，我这周很忙，我可能不会赴约。"原本冲口而出的思念全因他的遗忘伤害了自尊。

"喔，小阿啊，刚才我没看来电显示，对不起啊。"他欢快地接着说："怎么那么巧，我也有个会议要开，你那边就忙上了，真是心心相通啊，我们就约在改天见吧。"

又一次无情的嘲弄，她说着与自己意愿相违背的话，他竟窥不见她的心。而曾经他是那样费心猜测她话里的含义！

他故作的幽默冻结了她的热情，目及之处无穷无尽，却不能再进一步了。怀念里情感的丰美食粮，只看了一看就发现早已

变质。

"噢?那就这样吧。"将手机卡拔下来,丢掉。连同记忆在内。

哪有什么可以回去的感情呢?就算真的回去了,也已经面目全非。

男人和女人终归不同。他想见她,只是出于对往事的内疚。她在位卑职轻时跟从,不介意他的前途、地位,她喜欢他时,没有任何附加值。后来分手,他如放生般投向脂粉红尘,却愈发要怀念她的好,得知她有了自己的幸福,愈发悔恨自己的有目无珠,他来撩拨她,并不是因为她是谁,她只是顶着一个旧情人的名字,新欢旧爱若能两全,那是男人追求的极致。

旧路回不去,一个男人,一生绝不会只辜负一个女人,她若在他追逐的游戏里回头,他终会意兴阑珊地再次转身,不属于他,才会是他心里永远的最好。

比起男人来,女人更爱怀旧,一个男人,曾经能从芸芸众生中脱颖而出成为她的恋人,他就像熟悉的曲目,人走了,茶凉了,可回忆里还是绕梁三生。遗忘的情节一旦又重浮水面,心情在瞬间便会回到记忆中的某个场景。那些不愉快的细节被淡化,凸现出的都是美好,所以她的再见不是虚荣,不是炫耀,不是争夺,只是怀念。

曾经爱他,不管爱的方式是娴熟还是笨拙,他的笑容是真诚还是敷衍;熟悉他的声音,不论恋情最后以何种方式结束,不管他曾经如何令她伤心;他总是不同于路人的,在他身上付出过最大的心思,是可以记忆一辈子的。

回忆所以美好全因为它已经过去,如今已不能够伤害内心,将回忆拉进现实只会重新成为一把利剑。跟旧情人相处的最大困难,就是如何理解两人之间已经失败的感情,如何正确看待两人现在的关系。是爱情?还是友情?舍不得?还是离不开?

如果在某个拥挤的街头巧遇,或是在人群中出现他的熟悉的身影,你怎样对待这场重逢?

A. 迅速地和对方擦肩而过

B. 装作没看见

C. 客气地打个招呼,然后各走各的

D. 停下来,热情地叫住对方

测试结果

A. 敢爱敢恨的直爽人。面对旧爱,你会毫不犹豫地拒绝。

B. 即使旧爱表示回心转意,也会想尽各种办法再去试探他。

C. 喜尝回头草。回头恋人会被你教训得服服帖帖,从此成为忠实伴侣。

D. 重感情。就算旧爱身边没有恋人,你也会为现在的恋人坚守住爱情天地。

生命中,不断地有人离开或进入。在心中如果有"曾经拥有,就永远不要失去"的"偏执狂"与"占有欲",想要获得爱的永久保证书,只会越走越偏离。始终记住一点,有生命力的感情,一定是可以持续发展的,看不到未来,就只能爱在当下,担当不起对方的人生,就要礼貌地说抱歉,抱歉我不需要你,我们不能回到过去……

如果不可避免地与旧情人相见,应该谨行慎言,把握分寸,忌追忆旧往,忌肌肤相亲,忌追问他与现在女友的交往。

旧爱,只是在心底永存余温的那一个。青涩时摘下的感情放下了也就放下了,经过了严冬再翻出来,就已经烂到无法收拾的地步了。如果他已经有了新的生活,你更没有理由踯躅不前,应该追求属于自己的生活。

聪明的女人对待旧爱,只相忆,不相见。

止步于第三类情感

明诚:"无论什么时候,男人的思考都是对的,判断准确无误,而女人总是恰恰相反!"

小阿:"是呀,你选我做女友是绝对正确的,而我选你做男友是大错特错!"

悲伤难过时他的手会轻拍你的背,天黑无人陪伴时他会牵你的手送你走过暗黑的巷口,迷茫哭泣时他会轻轻拉你入怀。他的心始终不曾设防,他的肩膀等你依靠,他注视你的伤悲,与你一同拥抱喜乐。但彼此也只将容颜刻在心门之上,不会放任自己燃出炙热的爱情火焰。关爱,也仅限于关爱,与爱情无关。

将他称之为蓝颜,始终将他安置于朋友和情人之间。

"明诚,我的设计比赛失败了,我那些精心设计的服饰被人喝倒彩。"

"你在哪里?"

"酒吧。"

"我马上过来。"

挥手叫停了一辆TAXI,报了地址,救火般地急奔过去。在光影暧昧的酒吧扯了小阿的手出来,心疼恼怒地说:"你怎么这么不爱惜自己?"

"明诚,我是不是很笨,很不好?"

"不，你优秀，有才气。"

"那他们为什么不懂得欣赏我的作品？他们为什么看不懂我的设计理念？"

"时间，你只需要时间！"怜惜地面对她仰起的脸，"你将是最出色的设计师！"

哭着投入他的怀，紧紧抱住他，把持住暂短的温暖和安靠。

世界不管如何冷漠，只有他，不离不弃。

"吻我。"酒精躁热地在体内催生，神思恍惚起来。

明诚一愣，轻轻俯下脸去，蜻蜓点水般在她光洁的额头上一啄，他的大手将她的头发重重一揉，"小丫头。"

有槐花香飘散在疏朗的夜色里。

"赶紧打电话给你男友，告诉他我带未来最出色的设计师去吃夜宵，我知道这附近有正宗的巴西烤肉。"

被他拉了手，夜风一吹，渐渐清醒过来。内心却大失所望。

一刹那的情感倾斜，他阻止她向前一步。而身边的男人，情近而牵手，竟无法界定对他的感觉，是不是爱，体内汹涌澎湃的情愫？

"明诚，我也许是喜欢上你了。你喜不喜欢我？"

爱的闸门一旦打开，征服的欲望就会泛滥成灾。

明诚明显一呆，这也许是他有生以来吃的最难以下咽的夜宵，它们在争先恐后进入他的肠胃后，统统变成了花岗岩，卡得他动弹不得。

"小阿，你昏了头了。"

"我没有。我喜欢你，我要你的回答。"

这番话，在过去的数日中，她练了几千次，如今说出来，自然有金石之声。

他装着没听见,时间就这么嘲笑般地凝固了。

而她是得不到结果决不甘心的人。在他的局促里,小阿终于再次重复了刚才的话。

"我饱了。"他放下手里的刀叉,将电话拿起来,"小阿在我这里,你过来接她,我临时还有事要先走。"

……

那之后,可以明显地感觉到明诚的躲闪。总想给他打电话,想听见他的声音,实在忍不住时打了几个,电话那边,他显得非常繁忙,总是说不了两句话就挂机。也可以很清晰地感觉到他接电话时的惊惶失措。终于有一天,他发来信息,说公司派他常驻外地了,告诉她要保重。他留在她手机里一段话——

你是酒,我把你喝下了。

只做你的蓝颜,在关爱的余热里。

只是你片刻不离的相依,只是你一生一世的永远,只是知你懂你,却不拥有你的知己。

只是你的蓝颜,在身体的渴望之外。

心狠狠地抽痛起来,知道失去他了。一段感情去了,总有新的感情断尾般再生而来。而一个知己倘若失去,此生还会寻到如明诚这样了解自己的人吗?

他不优秀,个子也不高,长的也不帅。然而这并不能代表什么,和他在一起会很舒服。任何事都能跟他说,包括自己与男友的纠纷,他总能给她提供最好的意见和安慰。有时纵然没有解决问题的好方法,可是阴霾的内心必定因他的劝慰明朗起来,挂了眼泪的脸竟有微微甜蜜的笑。

使君有妇,她亦有信托的人,他们只是朋友。他明白,她也明白。现在她试探他,但只向前一步,就把他逼退了。

世上美好太多,可以全部拥有吗? 身边的人来来往往,都是终身的信托吗? 如果以冰淇淋口味来比拟他在你心中占据的位置,会是哪一种呢?

A. 香芋口味

B. 香草口味

C. 荔枝口味

D. 咖啡口味

测试结果

A. 暗恋的人。

B. 知己。

C. 普通朋友。

D. 尊敬的人。

选谁的手相携? 一时同路不能误做一生之路。如果只是知己,那就该形如天上月,地上湖,遥遥相对才能熠熠成辉。若强迫着情近,情近又牵手,不过是世上又多了一对痴缠的恋人罢了。

默契在交往之中,彼此坦诚并不意味着可以容易的相处,互相了解也不意味着触觉就已经直抵对方的灵魂深处。试问,在毫无私密,赤裸裸面对过的人,如何敢爱呢? 爱情与婚姻,总要披挂上阵的。

菩提本无树

明镜亦非台

本来无一物

何处惹尘埃

要坦荡就会有澄明,方向,需确定才不迷失。蓝颜,原本可以真无香、淡如水……

同情与爱如何区分

明诚："因为别人都不同情你,我才做你的丈夫。"

小阿："你总算成功了。现在每个人都因此同情我。"

有人说高山上的湖水,是淌在地球表面的一滴眼泪。那么,你枕畔的眼泪,是悬在他心尖的那面湖吗?

那天小阿着一身艳红的衣裙独自面对着海浪的惊涛拍岸,却有罩在外面的纯黑风衣冷艳地扬在风中,猎猎作响,那份对比鲜明的敏感色泽像偌大天地间的一纸剪影,吸引了来此写生的明诚,他不自觉地走近,眼见她一步步向深海里走去,惊骇地一路奔跑,赶在冰冷的浪头打来之前抱住她温热的身体。

这是一个始乱终弃的故事,小阿当初不顾一切追随她的爱情,却于某个清晨起来,发现身边人已消失得无影无踪,肚子里明显的胎音使她凄凉无助,病痛和无所依赖的孤独足以把一个坚强的女人打倒,何况,她并不坚强。那天她选择衣装的红与黑即是生命的预言——死亡即是新生!

她一出现就与他的命运联系在一起,他将她安置妥帖,在她理智与忍耐濒临崩溃的那段日子,他有如惊弓之鸟般地看护她,她的一声呻吟就使他紧张地探手附在她的额上。担心她再出意外而常常一夜不眠。

孤身逆行,对男人存着极大的仇恨和戒心,就算他曾经帮助过她,就算他给予的是不求回报的温暖,她亦不为所动。她冷眼看他奔波来去,不发一言。

她仇恨肚子里的骨血,却不肯跟随他去医院检查预约,她将那个不负责任的男人留在她身上的印记视为耻辱,她无法让她的耻辱昭告天下。她趁他不备时双手轮番捶打已经鼓胀的肚腹,忍痛不发出声响。她故意滚下楼梯自残,听到他惊吓地大呼她的名字,她仰躺在血泊里看他模糊奔来。

他的面目似在一夜间老去。而她卸下重负后,心上的疤已不如初时刺目。

他关爱她,买来各种补品强迫她进食,带她买鲜亮的衣服,送她去学习,给她联系舒适的工作,担心她的冷暖、衣食。

小阿口里没有过多的感激,却在明诚的关怀里有了强烈的归属感。越来越深的依赖仿佛守候已久的情感,之前的磨难都是参禅膜拜的九九八十一劫。

本来就是勤恳的女子,将努力投入进去,换来了工作上的得意和他眼里的欣赏。他看着她,说:"丫头长大了呵。"

他带她出席各种宴会,将她介绍给身边的朋友。她感觉到周身有神奇的力量焕发出来,那种力量使她成为焦点。

她在他关注里晕眩,忘记了身在何处。

明诚生日那天,她兴冲冲拎着蛋糕回家,刚一拉开门,就见他和一个陌生女子缠绵拥吻在一起。他欣喜地将那个女子拉向她,说:"小阿,这是我的女友,刚从国外飞回来。"那个女子趋前一步,笑容盛放如桃花:"这就是小阿啊,明诚向我提了千百遍了。"

世界在那一瞬间坍塌。

眼睛看到的、耳朵听到的都不如心灵感应的。眼里看到他的关照,耳里听到他呼叫名字,却未曾明辨爱的本义:爱是宽恕,

是引导,是广博,是柔软无比的容器,更是温暖舒畅的怀抱,是永远也丢不了的家。爱,不是一颗心去敲打另一颗心,需要两颗心共同撞击。爱与同情有别,怜悯的同情发自本心。也许素昧平生,却有扶携跌倒的大善。更有深层次的真正同情,毫无感伤的色彩,却富有积极的精神,对自己想要达到的目标十分清楚,下定决心和别人一起经历磨难,直到力量耗尽,甚至力竭也不止息。

明诚对小阿的情感,正是出自这种救助水火的大慈悲。无援的小阿激起明诚的同情,他倾力相助,在对她现状的匆匆一瞥之后,命运不觉间维系起来,同情使他理解她的苦痛,命运施予的悲哀与痛楚是一人不胜负荷的重担,但两个人就能很轻易抬起它,他带给小阿喜悦,创生奇迹,也给小阿以毁灭之痛。

不可否认同情是剂灵药,但给予的人并非医者,若他未曾及时停药,没有好好控制自己的同情心,则需要你自己注入理性和承担责任。若你相信,爱情本是至高至上,对他的情谊真纯唯美,并没有报答的因素,那么请认清一个问题,记忆就会渐渐浮现,露出爱里的因果。假使深夜你驾车遇到了要搭车的人,而车里只能载下一个,你会选择载谁同行?

A. 心仪已久的人

B. 急于去医院的病人

C. 曾经对你帮助极大的人

测试结果

A. 恋爱冒险家。你不顾周围人的目光,坚持对爱情的信念,视爱情为人生的全部。

B. 同情之爱。你那尽心助人的个性使你总是毫不迟疑地伸出双手,而不计个人能力的大小。

C. 回报的爱。你重视情谊,对受过的恩泽念念不忘。一旦找到机会,就会不计后果和代价地回报。

爱是至真至纯的原野,各自的终身必得谨慎。分析他的感情,是不是强烈的同情？分析自己,是不是出于报答？感情本来脆弱易变,何况用这种筋疲力尽的爱来捆缚自己,若有不慎,强迫和委屈只会化身双刃利剑,徒然伤人伤己。

要懂得爱与同情不同,过分相信了爱的力量,相信一己的力量,以为将一生交付就会报答他所给予过的,却不曾考虑他的感受——同情并不曾做局,却心甘情愿地一脚踏进去,他的施因此而不磊落。而你的嫁也添了他的负累,将他一时的照顾变成了一世的包袱,这并非各自的本意,你原是为了报答他的,而他照顾你,也并没有一生一世。

要明白同情易被忌讳,宁愿相信别人对自己的好是出于爱的本义,对同情的误解导致又误解自己的本意——他对你的好,没有杂质,不提及回报。正因如此,反因敬仰而产生以身相许的痴念,除了自己想不出更好的报答。就在这样的似是而非里一头栽进去,在漫长的等待和追求中耗尽了自己,以致最后的结局并不如预想那般。

回报情谊之爱,绝不能保证他会来爱你,他并不曾以同情做饵,又有什么理由苛求爱必有回报？想想曾布施他内心的关怀,莫感慨爱未曾在他内心萌发,当为爱曾在自己心里萌发而感恩。

爱情向左,同情向右,在并无交集的人生之路的两侧。随时播种,随时开花,将这一径长途点缀得香花弥漫,使穿枝拂叶的你,踏着荆棘,不觉苦痛,有泪可落,也不觉悲凉。

没有人在原地等你

女儿:"妈妈,叔叔现在结婚是不是晚了点?"

小阿:"是啊,他若早想结婚,你至少比现在大四岁。"

在纵长的情爱之路与他携了手,固执地追问:"亲爱的,你会爱我多久?"

明知道这个问题没有百分百的答案,可是仍愿意带着娇嗔的轻笑,给他一个说甜言蜜语的机会。

他认真地思考之后,举起手比了个"一",那潜藏的答案是什么?一天?一星期?一月?一年?一辈子?

"小丫头,一辈子怎么够我爱你?我爱你,一直到你不再爱我的那一天。"

遇到明诚,是上天给予小阿的恩赐。明诚顶着巨大的压力来爱她,许下情深意切的誓言,眼见他身边人激烈的反对,因不被看好的将来而阻止与小阿的往来,由排斥她而远离他。

知道会给明诚带来巨大伤害,不想辜负他的爱与期待,却无法停止前进的脚步,厌倦了,自然有他陪着回家。

夜夜,迷离的光影打映着坐在角落里明诚那寂寞的脸。看她陶醉在不同男人的怀里,身体紧贴他们的身体,身边的人来了又去,她的脚步并不止息。

每一个舞伴都能引她纵情起舞,将身体深处的需求演绎出来,将每个音符都处理得恰到好处,将每一个停顿转折都表达得淋漓尽致。

"小阿,请你停下来。"

明诚注视小阿,却并不在小阿的视野之内。他呼唤她,却不见她的回应。

零落或清纯的衣装鬓影同样在明诚的身边来了又去,明诚始终不肯接受任何人共舞的邀请,他希望小阿转身向他,但一次次终场,她并未走到他面前。

她忘情舞蹈,早已忘了他的存在,她一起身,便早已有人为她拉开车门,当他在身后追随,她从未徒步当车。

"只要你幸福。"明诚强忍泪水发出心里的祝福,转身时,却哭了。

感觉明诚的离开,小阿狂奔而回,企求原谅,明诚紧紧拥抱她低声饮泣,求她不要离开,告诉她,他有多爱她。

他不让她看他的脸,因他哭了。他爱她,所以变得脆弱,他爱她,所以放下自尊。也正因为爱,他不愿让她看见他的脆弱——不是情重,一个男人断断不会为一个女子流泪。

放手,她有不忍。携手,又分明不甘。

循规蹈矩终于胜不过内心的蠢蠢欲动,她终于按捺不住再次翩然成舞,当她纵情投入,并未发现明诚的离开。

光影打在头顶,一日如同一年。当她再次开始紧张地满场找他,却再也寻不见了。

在小阿的反反复复中明诚选择了离开。他是感到绝望了。她哭泣哀求他留下却无法挽回他决绝的身影。

"你说过爱我一直要等到我不爱时!我爱你!我还爱着你!"

"是,我爱你,所以我一味地迁就你,即使你错了,我假装你

是对的;我爱你,所以放弃最爱我的人,即使你不真心爱我,我也假装你爱我;我爱你,所以我将你看成宠物,即使你什么也不畏惧,但我仍假装你是一个怕黑的孩子;我爱你,所以我看到你同别人搂抱在一起,但我假装什么也没看见;我爱你,所以耳聋,目瞎,愚顽,坚定不二,而我即便坚定,愚顽,双目看不见,耳也失聪,但我仍感觉到你的不爱,我为你放弃一切,断了脚掌,成了你水域里的无尾鱼,我快要窒息了,你一次次放开我的手,我却妄想可以陪你走完一生一世。

我爱你,所以放弃你,放弃对我不爱的你,尽管放弃你,我很难再找回自己。

我解脱了你头上的符咒,不再用爱来禁锢你,愿你的自由能换来真正懂你、爱你、怜惜你的人,愿你也能及时爱他,因没有人可以一直站在原地等你。"

没有人可以一直站在原地等你,因人耐心有时限,不要以为他喜欢你就可以毫无怨言地为你白白耗费等待的光阴。驻足观望,只会让爱情擦身而过。

等待是一生的苍老,当他为你守候,你可曾珍惜了他的爱?如果要你在一样食物上抹上老鼠药诱捕老鼠,你会选定哪一种?

A. 鸡腿等美味类

B. 蛋糕等甜点类

C. 米粒等谷物类

测试结果

A. 珍惜指数40%。爱不是你的全部,你随时可能放弃而选择从头开始。

B. 珍惜指数60%。你爱他又不将他视为全部。

C. 珍惜指数80%。你将爱奉为全部,甚至当成私有财产。

缱绻厮磨于领间的气息,青郁的爱情终会苍老。无数次透支自己的任性,无数次伤害守候自己的人,他也终会黯然转身——没有人会为不值得的人留下来。

失去最爱的他,像鸟儿失去羽翼,光影下和明诚默契起舞曾赢得多少目光和掌声,她竟不记得他曾是最适合的舞伴,想起时,他已走开。

此去谁与君共舞?

他仍有寻觅的方向,而命运的承转起合,脚步的兜兜转转再不与你相关,他的内心你走不进,彼此已成陌路,谁管谁世界里是否灯红酒绿,是否岁月无歌?

而在灯光昏暗,人头攒动的舞场,每个身边巧言相向的人只会把心中的温暖带走,局部麻醉一般,身体被生生切开,并不十分疼痛,体内却有万千只手轮番撕扯——处处见他,又处处不见他。

他一下子消失得无影无踪,仿佛生命中从不曾有过他的存在,只是丝巾在风中翻飞,说他曾来过;树叶在风中坠落,说他曾来过;麦苗在风中颓败,说他曾来过;云在风里哭泣,说他曾来过。而已留他不住。

彼此都是单翼的天使,唯有相拥才能展翅飞翔。没有他围绕在左右,也就没有灵动的舞步,徒然歌舞,被忧伤淹没。

情殇之殇实为亡,夭逝的爱无法找回,悲伤的泪流不尽,驻足,回望,灯火阑珊处的人已不再。

将追求当成炫耀的资本,以为被爱一定比爱幸福,所以放心流连,放心笙歌,蚀心之痛必定在失去之后才惊悚,而哀叹惋惜,毕竟已经太迟——亲爱的,我将你弄丢了。

爱情只是一场舞,当有人为你驻足,你也在他的眼里看出自己的欢喜,那么千万停下来,因错过一时就会错过一生。

爱要及时说

小阿:"我们结婚才5个月,这孩子来得是否太早了点?"

明诚:"不,是我们结婚结得晚了点。"

想过很多次,在繁华拥挤的街头相遇,人头攒动着从身边离去,他慢慢停住脚,眼神里映射多年错过的距离。彼此已是青丝变白发了。

红颜老去和英雄迟暮是否一样的令人悲伤?

曾无数次看见明诚向自己走来,彼此微笑,问好,简短地聊着日常观感,向左、向右,脚步移动斑马线之外,被涌动的人潮淹没,却仍能感受他在身后的注目。

在这交错而过的刹那,不断得知他的消息,升了职,加了薪,今晚的酒会,明天的电子会议,他目光澈洁,直指人心。

盛着满满欢喜,也读出他的欢喜,只当他笃定目光投射过来,却慌乱不敢迎视。

时光日日交覆,过去了也就过去了。

"嗨,你好!"

"你好!"

这样固定的开场白并不厌倦,每次仿佛总有新的内容滋生出来。喜欢醉在他目光的深潭里。

只一日,他远远忧伤地站定,看见她走来,却又面目生辉。这一瞬间的神情矛盾更替却没能逃脱小阿的眼。

"小阿,我要出国了。我想知道你的心思,想不想我留下来?"

心在那一刻坠入无边的谷底,有什么资格让他留下来?以什么名义让他留下来?何况是他早已做好的决定?

心底生出一只手来,将"别走"滞缓忧伤的一字字抹去,勉强绽颜,"那么,多保重!"

不是请你留下来,而是多保重。爱投在无回应的字句里,他的心与她一起沉沦了。

面对小阿,明诚伸出手来,小阿迟疑着将自己的手放于他的掌心。十指交握,握住时光,又什么也握不住。

"也请你,为我珍重!无论我在哪里,我都会注目你,一如既往,只要你需要我,我会随时出现在你身边。"

执子之手,与子偕老。多希望这一刻驻足不前,多希望瞬间就是永远。

手心里留有他的温暖,而幸福是从指缝里溜走了。时不我予的感受,痛彻心扉。

君已离开,我已老去。

将桩桩件件的心事挤压、浓缩又放大,抚摸它,嗅闻它,都是些回忆的味道。错过的爱在内心郁结,纠缠着无限的怅惘和遗憾里,在许多熟悉的画面里,凋零着悲喜。

曾经如此接近幸福,怎么可以就此打住?在可能或不可能的故事里被迫画下符点,自认为只有一种选择,岂不知人生不是简单选择题,还有更多的结果可供选择。很多时候勇气直接决定爱的结局,是什么原因阻碍了你向前一步?

在波浪拍打的沙滩上,一位裸体美女正独自漫步,猜一猜她为何一丝不挂?

A. 那里是属于类似"天体营"俱乐部的小岛

B. 她以为自己是穿着泳衣的

C. 她是个女演员,正在拍摄电影

D. 岛上只有她一个人

测试结果

A. 受伦理观阻碍。你一直受社会规范束缚,始终无法踏出最重要的一步。

B. 受自卑阻碍。自我魅力评价不当是你爱路上的最大的缺憾。

C. 受完美主义阻碍。过分苛求的心态羁绊你的脚步。

D. 人际关系过于多虑。过度在意周围人的感受而无法自由恋爱。

幸福是什么色彩?莫不是真纯透明?否则为何一不小心就忽略了它的存在呢?

爱是不是很繁复?否则为什么难以置信?等到相信时,它又要溜走呢?

表白是不是一定艰难?明明看到他眼里的你,却不肯拉紧他的手,请他留下来?

每个人看别人的爱情都具备天长地久的可能性,都可以走到山穷水尽直达柳暗花明。而当自己爱情经过,却因为它的降临反而迟疑,因为迟疑,终使自己错过了拥有幸福的可能。

某个清晨,某个黄昏,某个夜里,不断地惦记他,想他无比俊美的容颜,这因得不到而永恒的失落和记起,是有关距离的恒久爱情故事。

而他亦在记忆里回望着你,凄然而笑,笑你的无心亦无力。

爱情曾让你们如此的靠近,在同一座城池里呼吸,在同一个巷口相遇,当他停下来,你却走过去,你的迟疑决定了爱的结局。他只是他,你也只是你,你与他的名字不能称为你们,青丝渐渐白头,时光很容易就老去。

爱上一个人而不被对方所爱,是一件很伤害的事。但最痛苦的莫过于你爱一个人,却没有勇气让同样爱你的他知道你的感受。

飞鸟,醒了吗?

流云,醒了吗?

日出,醒了吗?

莫要在爱情打盹时错过他。

别把网恋当回事

小阿:"现在电视里老演婚外恋,你会有婚外恋吗?"

明诚:"不会。"

小阿:"为什么?"

明诚:"有你一个我就够后悔的了,决不能再要第二个。"

精巧的十指上下翻飞,有如暗夜的精灵,无数带着呼吸和指纹的文字在屏幕其上欢快跳跃。他真真切切地感受到她的笑脸,她也臆想千万次地抚摸过他的眉,那种感觉该是君如陌上尘,我似堤边絮,恨不能朝朝相伴的。

思念是一寸寸地渐长了,便对距离生出怅惘之念来。明诚说:"我查过地图,我距离你的位置,是七千公里。现实真残忍,这七千公里有如银河。"

他又说:"若有情,天涯也咫尺;若无情,咫尺也天涯。只要心无间距,这七千公里又何尝不是可以跨越的鹊桥?"

有些感觉,由不得控制;有些话语,由不得留存。初时的相遇,像不经意抛撒的种子,不觉间就盛放为花。

他更频繁地发 E-mail,传送手机短信,告诉她电话里每听到一次她的声音,心就随之温柔而痛楚地怦然跳动。

他倾力以授所有治疗失眠的方法,最引人遐思的是爱情美梦枕头。他说这个枕头需要二分之一的蛇床子,有助催眠;八分之一的熏衣草,有助于安眠;八分之一的迷迭香叶,有助于记住梦的内容;八分之一的百里香,防止做噩梦;八分之一的玫瑰花瓣,这是爱的梦境必需品。同时,需要每天许一个愿,枕头缝好的那一天,爱情就开花结果了,在这个过程里,需要每天带着一张笑脸生活。要早晨对着镜子笑,上班对着水杯笑,中午对着饭盒笑,晚上对着月亮笑。

他说:"遇见你之前我也失眠。但是逢着你之后,我枕着爱情的美梦枕头,许下和你相守一生的愿望,便夜夜安稳了。"

笑容盛放双颊之上,开始相信他是真的喜欢,情谊之深,该如同自己的喜欢一样。因为他在,所以喜乐;因为他在,开始相信爱情,并且盼望天长地久。

困扰小阿多年的失眠竟这样不治而愈,而梦里回荡笑声,在日日的晨光里也如他希望的那般畅然。

明诚一遍遍请求:"见面吧,见面吧。"他详细问她那里的路途,恨不能关山飞渡。

"你当真不介意我美丑?"小阿抚一抚自己的脸,看着镜中光滑的脸上隐隐的可爱小雀斑。

他说:"相识这么久,你该知道我,我当真不是以貌取人的。没有谁能取代你在我心里的位置,你纵然是草,我也满心欢喜着,因为这份欢喜,世上所有的花都黯淡了。"

一网情深的表露里,心沉醉了,迷失了。

其实那隐隐的雀斑并不妨碍容颜,青春的点缀打了粉底就很容易遮盖过去。只是为了验证他的说辞,还是去了医院激光美容中心。医生说,第二天是最难看的,颜色会很深。

于是就将见面定在第二日。遇到真正欢喜的人,便希望张扬瑕疵。这是个莫名其妙的偏激想法,但仍然坚持。

在恍如梦境里等待着,等待着一个人的到来。

"你好!"

感官系统突然变得迟钝起来,在辗转相思里,他终于跋山涉水而来。不是想象中的那样俊朗美好,但不让自己的神思笼罩在验明正身的失望里。

迎着阳光,笑容缓慢绽放开来。轻微缓慢得一朵花开放的样子,又像平静湖面的水花扩散开来——"你好!"

在这笑容里,找回了自己的思维和感观——这就是日日的所思所爱,这就是日日说着的相亲相爱。

他的目光锁定在小阿鼻翼散落着明显而刺目的黑色斑点上,神情受惊般跳离,勉强挤出艰难如便秘般的笑容。

笑容中左蹦右跳的丑陋斑点使他想到是肮脏无比的苍蝇屎,他的表达能力因此困乏了——"喔?"他常常在恍惚里抬头,判断她句式里的陈述或疑问,他走神的样子好比方正刻板的电脑显示屏。

"世间再没有一个女子能取代你在我心里的位置,只因你在,世上所有的花都黯然失色了。"

捕捉他逃离的目光,想起他炙热的表述,小阿不觉又微笑了,一颗心慢慢地沉下去,转凉,结冻成冰。

是庆幸的。不暴露瑕疵,怎么发现沟通是这样难?

黑白片的过往勾起心里泛滥的泪水,知道此后会清晰地划出斑马线,向左,向右,再不相关。

此后,他不知道小阿的生活,不知道小阿是否失眠,不知道小阿脸上的雀斑已不复存在。

那二分之一的蛇床子,八分之一的熏衣草,八分之一的迷迭香叶,八分之一的百里香,八分之一的玫瑰花瓣混合在一起,应该叫做忘情草,是不是必须每天要带着一张笑脸生活又与谁相关呢?

爱情盛开又零落,始于网络,止于现实。

想着相距千百里的路途,未曾谋面却已笃定情深。因无法完满才决定在爱里成全。风尘仆仆地赶着相见,见了面又如何?世上的花还芬芳着,唯你黯淡了。所谓的不在乎容颜只是玩笑吧。

他没有玉树临风之貌,却渴望你的惊鸿一瞥。你除了听过他的声音,看过他给你的信件,又对他知道多少?了解多少?虽然口口声声地说着相亲相爱,可你又怎么能苛求一个从未见过面的人对你真的珍爱呢?

网络之妙在于可以不必以真面示人,那些止于网络的对答交流又能说明什么?你怎知他发来大笑的图片,烟雾后隐藏的不是阴沉的脸?你怎知他发来痛的表情,却在开着的另个窗口里捧腹大笑?

观其行止,男人游走在网络之中的放松或体验,最后都可归结成两个字——游戏:游戏于交友的快感,游戏于迥于现实的超脱。在网络这个免费的交际场所里,他最满意的不是遇见你,而是消费透支不必买单。

最可悲的,当你悲悯地被消费着,那个游戏的男人早已转身而去。

执意相信百分之百在网上可以找到真爱? 先来回答:在北方冬日的下午,你最喜欢什么景色?

A. 沙滩上晒太阳的螃蟹

B. 风中摇曳的红枫

C. 美丽善良的采茶姑娘

D. 在空中飞行的一对黑鹤

测试结果

A. 白痴。

B. 弱智。

C. 智障。

D. 傻瓜。

亲爱的,这些景象不会在冬天出现,你是明知不可能而为,把偶然误作永恒,把相逢误作相守。为了那万分之一的相爱概率,做好大无畏的英勇牺牲,需知那一时的相守并不代表永行的路。

相逢在黑夜的海上,你有你的方向,我有我的方向。太多的相逢,其实只是携手并肩赏过的风景。走完了栈道,也就走完了爱情。重新回到自己的生活,你会发现那个人不过就是曾经温暖过自己的一个名字罢了。

无奈的足音无法丈量一网情深,踯躅不去的脚步并不能邂逅爱情,若他偶然闯入你的生活,来了又去,那就把他当做偶然忘记吧。太阳不会因他的离去而停止转动,你看,那日与月交互更替,睁开眼,又是新的一天!

嫁不掉的原因

小阿:"电梯坏了,给你两个选择,要么把这煤气罐扛到七楼我家,要么你娶我,我是舍不得自己的先生亲自动手的。"

明诚:"得,我还是扛上去吧。"

一直都想搞清楚与爱情关联的千丝万缕,想弄明白婚姻的真谛。嘴里念着要嫁个有钱人,嫁个好老公,可是一年年很快就过去了,想携手的那人,影子全无。

年龄一大,人就恐慌起来,常常有危机四伏的感觉。对于所有关切的目光,小阿始终报以同样的回答,"我觉得这样挺好!"可是嘴上虽然还是那几句老话,脸上却分明已暴露出了郁闷与抓狂的神情来,满街烫眼的玫瑰百合想躲也躲不开,明里暗里亲热的男女装作看不见都难,餐厅大卖的双人套餐让人尴尬得落不下座。漫天都是大写的爱情,一年中总有春节、中秋节、情人节让人难堪的关口,足以摧毁这整整一年累积起来的自信。

忽然间就成了恨嫁的人,在周刊上登征婚广告,热衷去婚介所,留心打探谁家有名草无主的男子,挂在网上的鼠标不觉就向单身男女聚会的地方滑去,开始喜欢童话故事所有的结局:公主从此和王子过上了幸福的生活。

小阿交了价值不菲的会费参加了女子馆的岁末千人聚会活动,这家会所在每年年末都会打出8分钟速配宣传,号称保证能在8分钟里面试8位成功男士,但事实是80分钟也看不到一个男人。先知鲁迅说:北京的白菜运往浙江,便用红头绳系住菜根,倒挂在水果店头,尊为"胶菜";福建野生着的芦荟,一到北京就请进温室,且美其名曰"龙舌兰"。来的男人数量不多,质量也不好,却因为参加活动的男女比例严重失调珍贵起来,哪怕是面貌最粗俗的男人面前都里围外围地聚拢了成堆的等待打折嫁掉的女子。当那个脸上凸凹不平有如路基上硌脚石子的男子得意地侃侃而谈,小阿简直要窒息了,她拼力想挤出人群却悲哀地动弹不得。

本是个满脑子浪漫情调的女子,几场早夭的爱恋是小阿的隐痛。

自命不凡的青年才俊明诚率先走进小阿的视野,与文字相关的职业多情浪漫——在蒙蒙细雨中散过步,一起骑单车到市外的山脚下数过星星,夜半心血来潮时到外环路放过烟花,情人节收到过买一送一的玫瑰,但他将火热的激情献给小阿的同时也将博爱布施他人,原本苛求的小阿对他的滥情不能视若无睹,他便恼恨地丢下一句"没见过你这么小气神经质的女人"就甩手而去。

年轻有为的款爷紧接而来,经营全市娱乐业的他财源滚滚。他在小阿身上一掷千金眼眨都不眨,去最好的酒店吃最贵的大餐,去最豪华的商厦买名牌时装和化妆品,然而他却等不到爱情的链条环环相扣时再继续向前走,每一次约会时他都猴急的气喘吁吁地恳求小阿:"给了我吧,给了我吧,我想你想的不行。"小阿百般推脱让他羞愤转身,临行前抛下掷地有声的金石之

言——"若不是为了同你上床,你以为我凭什么在你身上浪费时间和金钱?"

又遇到踏实稳重的男子,是真心对小阿好。他专一而重情,从不把目光投向别处。他也懂得克制与自重,从不曾向小阿提出过分要求;好像迟缓平静流淌的池水,小阿仿佛觉得少了点什么,是他不够热烈激情,还是缺乏浪漫,荷包匮乏呢?

赶场一样地生怕错过每一场爱情,一次一次感觉是碰上了自己希望的那个人,可为什么最终总是发现根本不对呢?如果以选戒指来代表你对男人的态度,那么你选哪一种呢?

A. 银戒指

B. 铜戒指

C. 铁戒指

测试结果

A. 坚持。

B. 顽固。

C. 无情。

前后左右的对比使得概念里的合适人选永远都是只有更好没有最好。用"工作勤奋,事业有成,俊美多金,人专一有责任感"的框架去要求选择一个男人会使一叶障目,不见泰山,这世上本没有十全的美玉,想好自己到底需要什么样的一个男人再去恋爱、结婚,才不至于成为愁嫁女。

冬天来了,春天还会远吗?

——不远了。

那,别人都嫁掉了,我嫁掉还远吗?

——若你不能正视内心,这可难说。

物质与爱情孰轻孰重

明诚:"我们先租房子住,结了婚,攒了钱再买房子吧。"
小阿:"那我还不如先租丈夫呢。"

原本陌路,相互喜欢倾慕之后,现实也接踵而来。没有钱,行走一步,都是艰难。

小阿和明诚在一起三年了,都是低薪的人,每月的工资税后加在一起不足三千元,一室一厅的房子每月租金就要用去三分之一,日常开销包括应酬、坐车、买衣服、饮食又占去一大半,若有人情往来、意外生病这可怜的薪水就支撑不到月底,同伴笑称小阿是月光女神。

然而也不觉得日子是难的,爱情使人忽略了很多实质的东西。冬夜里明诚送来热腾腾的烤红薯就会流泪,偶尔买来一条廉价的围巾就会感动,与他手拉手在林荫道上漫步,坐在他的自行车后抱着他的腰哼着甜蜜蜜,幸福就会溢满心扉。

明诚最近长了薪水,也不过是区区五百块而已。一时性起,便兴致勃勃地计划着结婚,购房。小阿深受感染,每天热衷地产消息。哪处房价,哪处社区环境了如指掌。兴冲冲地去看了房,阴暗的向北房间,一张口就是几十万。好像混沌里的人,小阿猛然被惊醒,拿什么去买房子?

明诚倒是无所谓的,他说:"买不起就买不起,这样一直租着不是挺好?大把的钱放在银行里也是要生息的。我们就留着

钱生个孩子。"

话虽是这样说,可是租人家的房子,如果赶上促不及防的拆迁,或是好好的就不租的了,也只能在寒冬里,通过中介,一家家去看房,踏在积雪的冰上,心都是凉的。

租住的房子好坏倒是罢了,却总住个提心吊胆,房主月月等不及就来催交房款,临近月末时每每听到扣房声,总要将心悬起来,生怕得到"不租了,你们尽快搬家"的通知,等到房主劈手夺了租金就走,那种铆足劲抢钱似的架势倒使人把悬了半晌的心嗵一声落回原位。

两个单身人东西再多,也是提了就走,若添了一个孩子,被人撵来撵去,提箱挈笼的,一路儿啼,这样的沉重怎么能够背负呢?

租来的家终归不是家,连家都没有的人又怎么计划生养小孩儿?

小阿开始犹豫起来,她闪躲明诚的问题,也不敢看他,因眼睛会泄露真相。周围的同事纷纷计划着买怎样的汽车住怎样的房子,明天见客户时穿什么,买什么样的丝巾配新套装。

对着没钱的男人没完没了地提钱,只会伤了他的自尊,也许就有一大堆伤人的话迸出来——"我当时也这样啊,你怎么就跟了我?现在开始嫌我穷,谁好你找谁去!"

是中庸的人,做的是平常的职业,升职、涨薪的可能都不太大,平实直至终老,未来一眼望穿,几十年后也就如此了。

选择爱,还是放弃他?

明诚觉察小阿的心思,他伤感地说:"穷男人不配有爱情,我们分手吧,我配不上你,是我不够好,我不忍心让你跟我一起吃苦。我起码要多辛苦10年也未必能让你过上好日子,你跟在身边,太委屈了。我爱你,所以我不应该跟你在一起,我们一开始就错了,对不起,我希望你能忘记我。"

终于还是谈到钱这个庸俗的话题上来了,人说对钱的态度反映了爱的丰匮。缺乏爱的人,没有什么东西是理所当然自己的,所以要靠钱来补偿。因为是贪婪的人所以觉得别人更加贪婪,原是因为得到的爱不够。如果没有很多很多的爱,有很多很多的钱也是好的。而小阿的爱情从不贫乏,只是喜欢钱是每个人的本能。爱曾经在前,才不需要把对钱的渴望表达的那么赤裸裸。现在爱也未移步,只是既然要生活就总不能掩住耳朵盗铃铛。

"钱不要多,能吃饱就成了;

钱不要多,散步时能买杯酸奶哄我开心就成了;

钱不要多,参加朋友聚会时有件喝茶的衣服就成了;

钱不要多,够供孩子上学就成了;

可是,将来上大学一年几万块,要攒下钱给孩子才成;

可是,将来房价也许会更高,要攒下钱买城里的房子离孩子近点才成;

可是,将来有四个老人要养,要攒下钱让他们过的好一些才成;

可是,将来医疗费越来越高了,要攒下钱别连治小病的钱也付不起才成。

我是那么地爱你,可是如果没有钱,我们下半辈子会不会债台高筑?

我是那么地爱你,可是如果没有钱,我们将来是不是要忙的

无暇顾及对方?

我是那么地爱你,所以我好害怕我们会穷一辈子……"

再伟大的爱也抵不过现实的悲凉。

钱非万能,没有钱却万万不能。钱和爱对立又统一,爱情有杂质也是根本。男人无力承担责任,在钱和爱之间女人要选的,男人应当没有理由可以指责。贫贱夫妻百事哀,难道他甘心他所爱的人那如花似玉的脸,因缺乏保养而变得枯如树皮?甘心他所爱的人曾经细嫩的手因每天洗洗涮涮而红肿粗糙?甘心他所爱的人每天在早市上为了一毛两毛而跟菜贩子讨价还价?甘心他所爱的人想为自己添件新衣而面对日复一日依旧贫穷的自己无法开口?他还能保持最初爱你的心,希望你过得好?关键的,你是不是物质女人?面包和爱情只能择其一时,你会怎样挑选?如果锁有钻石皇冠箱子放在你面前,你只有一次可选择的机会,你会拉哪个把手呢?

A. 写着"拉这里"字样的把手

B. 写着"这是假的"字样的把手

C. 写着"这绝对是真的"字样的把手

D. 写着"拉拉看"字样的把手

E. 写着"祝你幸运"字样的把手

测试结果

A. 你是驯良的动物,不为物质屈从。爱的致命伤是情敌的出现而非物质原因。

B. 聪明又自信的你,不太容易相信别人,更不容易相信金钱的能力。假以财物的追求只会令你存疑。

C. 没有什么数字观念的你,对金钱的欲望淡泊,只要生活有丁点变故就会使你立刻陷入困境。

D. 你一直向往一场宾客云集、热闹非凡的婚礼,你需要支持与喝采,而这一切正需要金钱的支持。

E. 你很开朗,是天生的乐观主义者。即便身无分文,你也会令自己快乐起来。

贫穷是否能让爱保持似水柔情?不可否认的是生活品质是爱情的可靠基础,贫穷的爱情会将所有的浪漫与美好的幻想一点点磨灭。但我们也应该拒绝把物质放在比人更重要的地位,拒绝不能实现的责任,人之所以具备意志力,就是让我们可以驾驭赤裸裸的本能。

彼此经济独立,可以糊口,若生着天长日久的心,放弃爱就没有道理,世间简单的爱并不少见,世间也有简单的生活,若你将他视为家,视为天,视为一切,破瓦寒窑也愿意相随。理念相同,人生观相同,价值观相同的人,才能携手白发。

盲目的金钱观无可指责,你若有十分心思,又将这十分心思全投于他,自然会有为他付出一生的准备,苦也好,乐也罢,风雨飘飘随着他。若还有一分心思游移在别处,还是让自己的心做主,不要勉强。

爱是坚贞,也是付出,如能坚守住简单爱情的观念,黄连盛似蜜。

摆脱纠缠

明诚:"请告诉我哪点不好,我改。"

小阿:"你到底喜欢我哪一点!我改还不行吗?"

天色快要暗下来了,小阿茫然注视前方。她的视线没有汇聚。空气沉闷得令人窒息,心里巨大的阴影不断回闪,那面目丑陋的明诚是此刻的主角。

现在他坐在无边的黑暗里,神情阴郁。下班回家的小阿刚一打开灯,就发现陷在沙发里的明诚,吃惊地蹦起来,他哑着喉咙吞吐成言——"是我。"

烟雾缭绕,显得明诚的人模糊起来,烟缸里满是烟蒂。

"你这是干什么?明诚,我说过,我们好聚好散。你如果这样,我们连朋友都不再是。"

身为近邻的明诚成为小阿最大的症疾。

有一晚,小阿走至楼下时被不知从什么地方窜出的瘦小男子猛地抢拉她装有重要票据的手包,她大呼救命,正准备冲凉的明诚来不及穿鞋,赤足赶上来,那一幕该叫做英雄救美人。

小阿请他吃顿言谢饭后,他又回请过来,小阿心里生着愧疚,再次回请过去,如是几次,交往渐渐多起来。

都是单身男女,有着前面的契机,所有的交往也名正言顺起来,他们有时就在晚饭后一起看电视,时间拖得越来越晚,小阿不说休息他绝不离开。

间或送些小礼物,总不过是些胸针、软盘之类的。看着小阿喜欢佩戴各类饰物,又时常将电脑的文字备份出来,就留了心。也总是找到各样合适的借口,比如说赶上人推销,或是朋友送的用不上。告诉他,自己早已厌倦了累赘的饰物,拷盘也都收拢进MP3,但总是推辞不过,有价东西藏在心里最好。后来发现他送上门来的居然掺杂了情谊的玫瑰,女式内衣,就红了脸,讪讪推开。不是自己喜欢的类型,这类礼物终归不妥。

明诚却自顾自找好花瓶,将沾染了露珠的玫瑰插进去,拉开衣柜将内衣放进去。熟稔得像进自己的家。

"明诚",迟疑着,将自己的想法说出来。这一声吴侬媚语却蜜糖一般化进他的心里,他误会的将头埋下来,将唇覆住她的唇。

涨红脸猛力挣脱,将背调转他。

第二日,就有意将朋友介绍认识的男友领回家,明诚见了恼怒地冲撞进门,手几乎要戳指到脸上——"我算什么?"

便有传言长了翅膀般穿过小阿走过的地方——原来她是有男友的,却生着这样暧昧的心,脚踏几条船,小心失足落水。

气恼地大哭起来,人恹恹地病下去,明诚到小阿的单位送医送药,出来进去仿佛摆不脱的影子,愈发要验证那些传闻。

请了病假,换洗的衣服也不拿一件就跑到不熟知的城市去,像鱼儿喝水一般顺畅呼吸。世界明朗,天大地大,与明诚照面,再偌大的天地也无法立足,因整个世界都是他。

总不能老是流落在外,刚一返程,明诚马上抵足跟进来,所有的程序按部就班地重演一次。她不回家,他就一直等在她公司的楼下。

忍受不过，叫了搬家公司搬到别处去，与明诚似乎十万八千里远了。而在新居的第一晚他就跟过来，也不知他怎么打开的门，好像预先安排在那里只是为了吓她一吓。

"你到底要怎样？我从来都没有说过喜欢你，你是你，我是我，彼此清清白白！"几乎是歇斯底里地喊起来，又悲悲切切地哭："求你放过我。"

明诚便抬了一只手，对呆在那里的小阿勾一勾手："你过来。"他把他的手臂抬到一定高度，说："你看着我，你要记住今天。"

他定定地看着小阿，就这样把烟头深深摁到了自己的手臂上。

大叫着："你疯了吗！"去抢他手里的烟头，他避开她，回答说："是的，我疯了，早就疯了。现在是不想再疯，所以才这样提醒自己——我爱你，不是一辈子，而是永生永世！你不爱我，所以我只好用这样的方式告诉你：要我不爱你，除非我死，除非我不能呼吸。"

他的手臂有皮肉烧炙的味道，那里将会留下一个醒目的疤。这样的疤也会留在小阿的心上。

无尽的烦恼和恐惧涌上来，这样的爱，这样的男人只会令小阿愈发害怕。她不知道，他什么时候又会突然出现。

没有什么比被人纠缠更伤脑筋的了。有一类男人在察觉到自己出局之前，他预先起步，把自己放在一个高度上，假装是自己先不喜欢了的。这种男人最容易被甩掉，你只要一个星期不给他电话，或多说几句"我很忙，我要和男友约会"之类的话，他就可能再也不来烦你了。

但事情往往不如预料的这般,天生有种男人皮糙肉厚,你打他、骂他、唾弃他均不见效,并且有可能越贴越紧,遭遇这种男人将是你生命中的一次重大灾难。这种情况很容易让你误把他作为人生目标,最后,他自己都不知道到底喜不喜欢你,只是想尽办法不被你甩掉。

如果你侥幸成功地溜掉了,功劳的一半应该是你决绝分手的那些话。这是最难的,很多人都因为说不出这些话而最终被套牢,和本来想摆脱的男人终成眷属,这种惨不忍睹的下场等于自己往脖子上套个颈圈,然后把绳子亲手交给他,日后他自然以种种折磨相报。

能否彻底告别一段不健康的感情和一个没有道德感的人?是你无情还是他怪异?应该怎么做才能不伤害他?在懵懂和无尽的烦恼之间逡巡的心情要怎样来平复?不要急,稳下心来先选择一种你喜欢的天气来预测一下今后情感的走向。

A. 晴空下在无垠的草地上恣意奔走

B. 阴天站在悬崖边享受强风吹抚

C. 雨天看着窗外的人群奔走

D. 电闪雷鸣的天气躲在被里失声尖叫

测试结果

A. 爱情抗体40%。恋情上通常是随遇而安,毫不强求。所以另一半由朋友转变为情人的可能性极高。

B. 爱情抗体70%。很重视自我,只要有人施以恩惠就会让你感动到流泪。

C. 爱情抗体80%。外表看似随和其实好恶感却重。追求你的人如果不能够事先做到多观察、了解你的想法,一开口就会

被你讨厌。

D. 爱情抗体50%。喜欢寻求刺激,只要你想疯就陪你疯,不泼你冷水的人,很快就可以轻易得到你的信赖与好感。

情感的事真的难说,也许你爱的人对你不屑一顾,而你不屑一顾的人却忠心地追随你。他很担心你,在下一个时刻会消失,他不能容忍你离开他一分一秒。这种切入肌肤的爱,恨不能将你的灵魂嵌入他的身体令你恐惧万分,即便你直言不讳告诉他你的感觉,你的怕,他仍然寸步不离。

对付这样黏皮糖样的男人还要用极大的耐力和毅力,了解他究竟喜欢你什么,讨厌你什么。喜欢你干净,你就一个月不洗澡,脏给他看,喜欢你做的菜你就多加两把盐,讨厌你口臭就每天嚼蒜瓣,讨厌流行歌曲你就天天在家里放最新专辑,如果这些还不能让他对你彻底失望,只好请警察出面。

不爱及时说,因没有多余的情感可以施舍。想想因误会而导致被纠缠的恶果,誓将一切斩断于萌芽状态。

别让误会成死结

小阿:"亲爱,今天你生日,我专门打扮了……"
明诚:"我呸,你说,今天晚上,你要干什么去?"

那天一个电话被朋友急召过去,失恋的友人在酒吧买醉,神情痛不欲生。怕他出事,就一直守着,接到明诚的电话——"你在哪儿?"还没等回答,手机就没电了。

想着先把醉了的人送回家,再去找明诚。

于是叫出租,磕磕绊绊地送他回家,他神志不清哇地吐在小阿身上,胡乱找了件他的衣服换下来,把自己的衣服扔进洗衣机里清洗,甩干,又用湿的毛巾搭在他高烧的额头,正在换掉他弄脏的衣服时,明诚突然出现了。

是多么尴尬的一幕!他的胸膛裸露出来,而小阿穿着他阔大的衣饰,缺少的扣子使她看起来更加衣衫不整,她俯下身为他整理弄脏的床铺和衣装时,看起来是多么的暧昧!

明诚摔门而去,将她解释的话截断在门内,醉酒的人却拽住她的手——"求你,别离开我!"

他叫着另一个女子的名字,婴儿般哭泣起来,这泪水使她不忍。

第二日,她返回住处,却不见了明诚。她刚想拨打明诚的电话,却发现那个熟悉的手机被明诚遗落下来。

于是上班,又总是应对不完的工作,冗长的一日又尽了。

进了门便热情地唤着明诚的名字,买了他喜爱的吃食,也因为是明诚的生日,特意买了蛋糕回来,而做寿星的明诚仍然没有踪迹。刚好电话打进来,却是昨夜醉酒的朋友表达谢意,他并不知昨夜的情形给她带来的误会,力邀她去吃饭。小阿推辞不过,就说自己是早就做好了的,要与明诚一起庆祝生日。

"生日?太巧了,今儿也是我的生日,我这就去你家和明诚好好喝两杯。"他果断挂断电话,容不及小阿说"不",风驰电掣般而来。

小阿叹息一声,精心预备下生日宴,盼着明诚早他一步回来。

而抢先一步的却不是明诚,那个朋友特意带了红酒,满面春风地。

不能提及昨晚的误会,只说明诚晚归。而他适逢一个电话,晚上替同事当班,于是先行吃起来,小阿就去厨房热汤给他。他点燃了满桌的蜡烛,明诚又在这当口推门而进。

从厨房出来的小阿见到明诚脸色阴郁地站在打开的门前,十指紧扣在掌心里,拼力抵住自己的愤怒,慌忙解释,"今天是他生日,所以……"

"明诚,咋这晚回来?小心你小子的良宵让我给占了。"

无心的话听在有心人的耳里,是大大的惊雷,小阿急道:"你少胡说!"明诚缓缓说道:"岂止良宵?你不是已经来了?索性我连家都给你。"

明诚走在他之前,任凭小阿的千呼万唤终未回头,而他在无限懊恼中离去,尽力要弥补这场误会,小阿拦下他,只怕莽撞的他越描越黑,而那么多巧合要从哪里解释?小阿接起明诚电话时刚好没电,明诚因此误会她故意不接电话;小阿为他换洗弄脏的衣物,明诚因此误会她们间有无法容忍的下作事;小阿尽地主情谊的礼仪,明诚因此误会她有意为他庆祝生日。那满桌缠绵的红烛泪看在眼里是如此刺目!

小阿同样有诸多疑问,那夜明诚何以找到他家?生日这天何以他刚刚进门明诚就随后而至?莫非明诚一直蹑足注目她的行踪?平日明诚通情理,也不是不可理喻的人,怎的这会儿就鼠肚鸡肠起来?电话故意落在床上,岂不是故意不肯听她解释?

明诚所以找到他的地址全是因为那天接到他前女友的电话,那离去的女人说:"他遇事爱钻牛角尖,只怕我走他又将情绪放在酒上。"明诚只是去那里开导,而且约了小阿一起去,正纳闷小阿为何不接他的电话,谁知在那人的家里就撞见痛心的一幕。

那晚回来后,一直不见小阿回来,和衣躺在床上,一夜未眠,晨起电话就落在床上;晚上想着早些回来,但订制蛋糕时,店里的师傅乱糟糟地接了一通电话,就误了回家的时间;刚一进门,就看见他坐在自己的位置上,满桌菜肴,满目温馨,小阿的一句"今天是他生日"触目惊心。

将电话握在手里,细细翻看未读短信和未接电话,竟没有一条是小阿的,小阿铆足劲地不肯解释岂不验证所有的事实都是真的?

觉得面上挨了一耳光,心里又被扎了一下。这样的首尾呼应,让明诚里里外外都跟着疼。

误会,源于理解的偏差,源于沟通的不畅或不彻底。情绪做了误会的帮凶,同样的话,得意时听起来顺畅,忧闷时会理解为讽刺,这完全取决于沟通的态度和理解的能力,所谓关己则乱。

误会郁结于心,越压抑越要生出强势的火焰来,轻易定论是误会的开始。接下来,便要事事看他难以入眼,这就是误会的"因"结出的偏见的"果",偏见一旦形成,就懒得再去改变,时间的累积,只会令偏见根深蒂固。

相信时间的公正,相信一切终会随着时间的流逝而水落石出,总是说我没必要向他解释,我没做错任何事,他要误会就算了,何必解释这么多,而许多误会正是由于彼此负气,不肯先对方之前开口而终成遗憾。

柯楠一直说,真相永远只有一个。真相究竟如何,只有当事

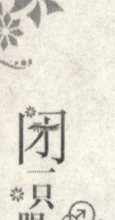

人知道。其余的任何人,有些不过比我们离真相更近些而已,可是就真相而言,他们仍然是个局外人。所以不要将无关的人牵扯进来,试图破解真相。不肯花足够时间和他对谈,却实在有心思在局外人身上浪费时间唠叨因果,口口相传的话难免会走调,那些断章取义、添油加醋、面目全非的言语传到他的耳中只会令他更加愤怒,只会令误会越陷越深,无可收拾。再明了的线,不肯花心思去解,只会成为死结。

而背后的议论、中伤或者谩骂更不可取。世间本来没有太多的仇恨,冲突和矛盾因误会、猜疑而起;他也原非你的敌人,生疏只是因你做了误会的囚徒,这样折磨他,也拖累了自己。任何人在双刃利器面前均无可幸免。

人有七种智力,自省力是排在最后的一个,这不为人知的智力也是最大最强的一个。误会的开始,多是在不了解、无理智、缺乏耐心和思考、感情冲动的情况下发生,而自省是冰释前嫌的绝佳武器。因大多人不会认为是自己的错,只想到对方的千错万错,并因他的斤斤计较而恼怒,需知最初的误会不是因你而促成?他的斤斤计较不是因为在意你?体谅对方,反观自己,设身处地地为他想一想,看看自己在哪些地方说话不妥,哪些言语过激,将理解与包容化为耐心的解释和积极沟通的言行,再深的沟壑也能填平,谁会在真诚的心意面前冷面拒绝呢?

误会有如云烟,如果他误会了你,一定要解释给他听。各自退让一步,又努力一分,良性互动会令阴霾烟消云散。如若他不肯听你解释,那便是他的事,不需要再庸人自扰。

如果对他有不满意之处,也要把自己的看法说出来,然后听他怎么给你解释。切勿把谜团压在心底,任何不利的因子都可能发生病变。如果他不肯给你解释，那也是他的事。不需要再郁闷。

人生有太多的误会和无奈，一个个无情的误解，纷乱了幸福的脚步。爱情到底给了你多少时间，去相遇和分离，去选择和后悔？如果你被误会所困扰，你会用什么方法来度过这个失眠夜呢？

A.打电话与别人聊天

B.在家中四处找事做

C.辗转反侧

测试结果

A.你做每一件事都只顾自己，从不替他人着想，天大的误会也绝不低头。

B.死不服输的性格会因为不肯对对方坦白而遭抛弃，有了误会也是听之任之。

C.遇到问题只知道逃避，误会时顾左右而言他，分手后仍会藕断丝连。

心为谁伤？爱情路上我们会做错什么？爱情还在身边时，我们对于误会往往是听之任之；爱情一旦离开，才恐慌地去用代价试图解开，但已为时已晚。

常常换位，也许能减少误会，若不能，也要尊重别人对自己的意见。纵不相爱，也不为敌。

降服钻石王老五

明诚:"如果我给你们一笔五千万元的支票,你们怎样处置?"

女甲:"我买跑车、珠宝,全部花掉它。"

女乙:"我一分不花,全部留起来。"

小阿:"我拿去炒股,赚上一笔钱,本利一起还给你。"

男友:"你决定选谁为妻。"

明诚:"选……选……选那个胸部最大的。"

基本上,在这个世上,还没有做不到的事情。有一句话,说的是:只有想不到,没有做不到。这是真理,除了不让地球围着太阳转,不让月亮绕着地球转之类的公理,只要是人力可达的范围,就没有完全无法办到的事情。比如说,降服一个钻石王老五。

明诚多金,哈佛大学毕业,倜傥风流,是人人看好的潜力股,小阿向他示爱时,他没有拒绝,这是一个好兆头。

歌剧、下午茶、时装秀场是常涉足的地方,玫瑰、高档服饰和钻戒是明诚赠与的礼物,生活从此开始与众不同,名牌跑车接送,衣着光鲜亮丽,消费的限度不是取决于价格的高低,而是内心的欲求。这样的生活让小阿神采飞扬。

然而像明诚这样英俊潇洒的钻石王老五,觊觎他枕边位置的人绝不只小阿一个,其他女子的投怀送抱自然是少不了的。而明诚是来者不拒。

面对明诚越来越放纵的行为,小阿心里的痛苦也越来越无法掩饰。她内心矛盾,不知道能否赢得最后的胜利,也不知道为守住这份爱情要付出多少代价。

总听明诚说吃厌了酒店的食物,小阿告诉明诚有机会自己为他做顿饭。明诚一脸的不相信,连连追问:"你真的会做饭?"

她反问:"为什么我不会?"

小阿抓住那尾一斤的红鲤鱼从容宰杀,去头、内脏、腮,从尾部切一个小口子抽出背部主筋,将鱼身剖成两扇,用刀子在腹背部斜划,用调料腌渍,放入油锅内煎。

旺火和慢火轮番上阵,一会的工夫就已经勾芡装盘。那道菜色彩如此鲜艳,口感酸甜,味道鲜美,小阿笑说:"像不像初恋的滋味?"

像不像初恋的滋味?

忙碌的小阿穿着家常便装,平实温柔,明诚不觉看呆了,身边靓女如云,谁曾下过一次厨房?用心做过一道菜?也正是那一次,明诚才将小阿从他众多的女友当中区别开来。

小阿还给明诚做过蘑菇豆腐肉骨头汤,一斤肉骨头加清水,姜片、老酒,文火炖得酥烂,再加入半斤蘑菇,一块嫩豆腐,几片柠檬,旺火煮沸,慢火稍炖,再撒些切碎的香菜或香葱;白的豆腐、小小的伞状蘑菇、绿绿的香菜,简直把这个春天的美丽与美味一锅端了。

加了醋的汤不但可以使骨头里的磷、钙更好地溶解到汤内,而且使汤的味道更加鲜美,更有利于人体的吸收,有效降低明诚血液中过高的胆固醇含量。

小阿说这款汤专治爱情缺钙症,喝完后,可以挺直腰杆去面对人生路上的坎坎坷坷和风风雨雨。

小阿给了明诚越来越多的惊喜,她匠心独具地将水果沙拉命名为满盘皆春色,其实不过是用两支香蕉,又取苹果、胡萝卜、黄瓜、无核橘、猕猴桃各一只,加一片金黄色的哈密瓜、十颗圣女果、几颗红樱桃,装放到透明的玻璃大盘子内,即堆出了一层翠绿、一层金黄、一层红艳、一层橙色。小阿说这种冰凉爽口、食之难忘、即做即食、不宜久置的水果沙拉像都市里的爱情一样,常常瞬息万变,令人难以捉摸。所以,对于这样的爱情,也需要趁新鲜食之,以免过期变质。

小阿的美味爱情菜俘获了明诚的心。与小阿在一起宛如穿行于繁花似锦的天堂,其甜蜜快乐,无法用言语来表达。为了怕甜蜜的爱情变质,明诚特意在生日这天,包下了整个餐厅。水晶花瓶里插上了代表甜蜜爱情的玫瑰,金色心形图案的蜡烛杯里荡漾着金色心形花纹的蜡烛。在柔和的若有若无的音乐声中,侍者送来了第一道菜——法式西柚鲜虾色拉。盘中两只明虾首与首相对,尾与尾相连,组成了一个心形。中间的色拉酱高高堆起。下面垫衬有红色的西柚片,四周围绕着黄色柠檬片,再间以绿色的荷兰芹,仿佛满腔的热情都要从色拉里喷射出来了。随盘附上的小纸条里写道:"你让我怦然心动。"

又有雕刻出的一只纤纤玉手,手指修长而优雅,无名指上居然还戴着一枚用白金和钻石簇拥着的黑珍珠戒指。这次没有纸条,只有热烈的目光注视,还有明诚真诚的声音:"希望你愿意嫁给我!"

餐厅里的聚光灯聚焦在小阿的身上,小阿含羞低下了头。

明诚精心准备的求婚菜回馈了小阿的深情,用情至深迎得美人归。而最初小阿又何尝不是用她的厨艺拴住了明诚的胃呢?

遇到一个值得爱的钻石男人,这是多么好的爱情机缘呀!他可以令爱情不再死水微澜,而是充满挑战和创意,可以修炼到爱情的至高段位,可以无往而不胜。和那些唯唯诺诺的战利品比起来,就范以后的钻石男人,即使在老了以后,仍然可以为年轻时的跌宕起伏而心潮澎湃。

真正的名钻,璀璨并不仅仅因为光芒,还源自它的高贵与态度。钻石级男人为女人所梦寐,而他的内心所想又如何窥透呢?看一看你眼中的他,穿什么样的鞋子就知道如何掌控他了。

A. 休闲鞋

B. 黑色皮鞋

C. 凉鞋

D. 短靴

E. 运动鞋

测试结果

A. 他是个喜欢采取主控地位的男人,对独特个性或想法的女孩会有强烈的探求心,但切忌无理取闹,更不要想左右他。

B. 他是典型的大男子主义,重视家庭生活,贤妻良母型女孩子是他的首选。

C. 他忠于自己感觉,给他空间和时间,并带给他乐观、开朗和阳光的正面感受,他就会心动。

D. 伪装自己是他脆弱心情的包装,多关心他,多体贴他,会让他感动得不能忘怀。

E. 真性情的他不能容忍喜欢做作和心机重重的女孩。只有纯洁心灵和自然态度才会令他着迷。

好男人如同刺猬,不懂得技巧的话,离得越近他越惊恐,到

时只怕跑了他也伤了你。其实他在逃离的过程中,并不太清楚你究竟是爱他本人,还是爱他头上的光环?他不承诺,其实他也在试探,往往按兵不动,以不变应万变。所以,你要确定是否真的爱他,非君不嫁,怎么能因为他最初的怯于承诺而轻易放手呢?从他的个性入手,一点点滋养爱情的果子,寻找到契合点。讲些策略,一切都要在爱情的名义之下,一点一点地从易入难,从俭入奢。察言观色、有所谋略地从玫瑰,到衣衫,到珍珠,到房契,再到钻石,再到不限额信用卡……当他一切都在你手心的时候,再摊开手要一张结婚证明,那么彼此就可以尽享爱的甜蜜,让爱结出丰美的果子。

和已婚男人的感情该进该退

明诚:"对不起,我无法娶你,但我会给你补偿:如果生的是女孩,我会给她一家公司;如果生的是男孩,我会给他一家公司和10万美金。但如果不幸流产了……"

小阿:"没关系,到时我还可以再怀一次。"

"我爱你!"

"你是我最牵挂又放不下的人。"

"你的微笑是我每一天的希望。"

"每次想你都会想到心痛。"

"没有了你,我就不再是我自己。"

"你是让我绝对不会后悔付出感情的人。"

"放弃你,我会后悔一辈子。"

"没有你,我断然不会独活。"

"你是我这一辈子最在乎的人。"

"睁开眼后第一个想到的人是你。"

"每天都想听到你的声音。"

这些心旌摇曳不能自持的暖语温存,像美丽而邪恶的罂粟,有多少华年女子情愿担当,甘心沦陷?

他的彬彬有礼、衣饰得体,有着毛糙小屁孩所无法仰止的成熟魅力;他总是适时感知所需,伸出援手;他不断制造浪漫和惊喜,送不菲的礼物……

他用含情脉脉的注视来传情达意,用拥吻时的情意绵绵来

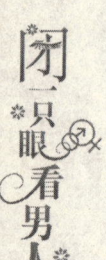

传递痴迷,爱情展开甜蜜丰满的羽翼,让人不可阻挡地爱上他,渴望与他宽厚的手掌终生相携。除了他,眼里再无他人。

只是,巧遇于时间的无涯荒野,于千万年中,于千万人之中遇见了梦中的人,却先行一步被他人携了手,她的名分是他必须称之为妻的。

被隔阻在千山万水之外,注目上演的一幕幕悲欢离合,选择做了配角,便注定无法堂皇登台,即便谢幕,都不优雅。

爱上已婚男人,是不智的悲哀,冲动的惩罚,逃不开的命里劫数。

小阿用十年钟情一个人,十年的画地为牢,爱从未移步。决绝的情感带着飞蛾扑火的自焚。

那个男人总趁暮色而来,夜深而去,他带着激情团聚的满足和疲累去周旋陪伴他的妻儿,他开给老婆之外的另一个女子支票,满足地下情人的物质所需,他给她欢乐的片刻之娱,给她荣耀的假象,他给不了的,是一纸契约的保证。

他一次比一次逼真地承诺:"宝贝,离婚手续就要办好了,你再耐心等上几日。"

"可是要等上几日呢?"

问得急了,他便气恼地对她不理不睬,以不理解不宽容的名义。

但,分明是答应过的。事前并无要求,是他信誓旦旦许下承诺,既然承诺无法兑现,为什么要开这样的空头支票?

女人同男人比起来为什么要显得更为愚钝?

因为愚钝,所以会轻易爱上不该爱的人,会更投入地去爱,更容易受伤,更笃定信实虚假的承诺。

他留下钱物,买下她年华中最好的一段青春。

尽管,小阿并不在意他的金钱,甚至在他生意失败时卖掉房产支持他重新创业,但情感中一旦掺入买卖因素,便再不能理直气壮。

有时在并不明亮的月色里,看他离去的背影,幻化成不切实际的痴念:让这个男人平庸一些,让他身边的女人全部离开,独余我一人相守。

只一旦平庸,又有什么爱他的理由?

功利中愈发显示他的才能,淡然中才能凸显他的卓尔不群。失去星月之辉,怎引得垂青注目?

不能改变就只好等待,在等待中耗尽了日与夜,花儿谢了又开,年华来了又走,月儿几次缺憾又圆满,只剩等待遥遥无尽期。在等待中空掷了流年。如果将一种水果当成你的爱情果,你会选哪一样?

A. 柚子

B. 石榴

C. 苹果

D. 樱桃

测试结果

A. 初恋式的爱。对爱懵懂无知,不解爱的真意。

B. 童话般的爱情。对爱充满幻想,过于一厢情愿。

C. 情人式。爱不是你与他的全部,性才是。

D. 一夜情。可悲的,他与你在一起完全是生理需要。

这样一道谜题是为不被祝福的爱恋而设置的,他是否真的爱你?对你的投入有多少?是否愿意同你计划未来?你的愁苦他可愿意担当?你能否融入他的生活?爱是否因性才存在?

诚然，你敬他、爱他、信望他、跟从他，必然有敬他、爱他、信望他、跟从他的万种理由，不忘不舍的细节里必定有过他的种种优点。

烦恼时他逗你开心；困惑时他设法解决；闯祸时他从不责骂，所做的也只是不厌其烦地站在背后的支持与呵护。

他会为你的消瘦真切流泪，他疼惜地拥紧你，当你触摸到他的同时也触摸到了他为你跳动的心。

他容忍你的坏脾气，一旦争执，必是控制不了地先行妥协，他在你摔掉电话后在短信上注明"丫头，我错了"，以此恳求你的谅解，更让你不觉间愧疚自己的无理取闹。

他叫着你"小丫头"，不喜欢你的毛绒玩具，却一定要把你的毛绒玩具摆放在床头，每次做出的重大决定，也一定会先听听你的建议。

他说不出真正爱你的理由，却绝不顾念他人，在你面前不对别的女子左顾右盼；他也默默记住你不经意说过的话，在你遗忘时突然拿出你期望中的惊喜礼物。

只是你可明白，早有智者说过：男人想要一个女人，常常可以为这个女人做一切她想要他做的事，也会细心照顾日常的琐琐碎碎，他所做的一切只是他的前期投入，回报自然是你的身体和爱。

他对你千好万好，却不能在他回家的那段时间通电话，即便有十万火急的事情找他，他拿起电话也会轻描淡写地说上一句"你打错了！"

你选择了做他的情人，就意味着不能在阳光下携起他的手，即便他在暗地里百倍地宝贝着你，在公众场合他也会扮演出一贯的君子之仪。

你选择了做他的情人,就意味着中秋节、春节这些重要的、团圆的日子他永远不会留在身边,陪伴你的只是长夜孤灯,涅涅红烛泪。

三角形是几何图案中最稳固的,但在尴尬的婚外恋当中却最不平衡,因情人永远找不到共同的交集。相处时大多是他对你身体的沉溺,他纵情欲望的欢娱,却无法担当为人父的责任,他不顾你身体的孱弱强迫你打胎。当你在忍受冰冷器械在身体里的搅动,忍受残杀骨肉的悲情时,他却因畏惧而不能陪护在你身边,你想握一握他的手也是虚空。

想一想,他是否真的用心爱你?还是只在意你的身体?

爱着你,就绝不会轻易许下不能兑现的承诺,而是给予可靠的温暖;爱着你,就绝不会轻易将"我爱你"时时挂在嘴边,行动永远胜过说辞;爱着你,就不仅仅拘泥七夕和生日时的相守,应是每一个重要日子的两两相望;爱着你,不会借口脱不开身的工作和家庭,而是以满足你的愿望为最大喜乐;最重要的,爱着你,定然会给你一份婚姻的契约。

若非因真爱而到了非娶你共度一生的程度,还有什么资格来夸夸其谈爱的真纯、至高?说到底,不能建立在稳定婚姻上的爱只是情感的海市蜃楼。

若彼此却因种种缘由无法相守,为何任爱纠缠在怨尤里?

用决绝的方式、凛冽的生死来逼迫,成就厮守的愿望,换来一纸契约,却在不自知中蜕变成怨妇,劈手夺了别人的东西,难免不安。在疲累中阻止他与前妇的来往,又要母鸡护仔般看护身边男人免受外界的引诱。岂知,他既能狠心舍下结发的妻,又怎能保证不再抛二弃三?

恩爱缠绵一旦细化,又难免力竭。你不再时时光彩,晨起会有模糊的眼屎，经期会出现不可理喻的歇斯底里，他也不再细心优雅，在你煮饭洗碗时，那个口口声声照顾你一生一世的人慵懒地歪在沙发里自顾自地看电视打瞌睡，最糟糕的是居然在振天的呼噜声中流下涎水……

当妾叫做妻，当包容不再包容，是否一定要等到彼此厌倦，才痛悔当初的执著和选择？爱分千种，有一种不叫拥有叫放弃，美好再多，也无法全部拥有，爱上不属于你的人是大大的不智，再把时间和精力继续在没有希望的等待中是天大的愚蠢。聪明的，想一想，还要在错误的路上跋涉多久呢？

直面性骚扰

明诚："小姐，可以再把你的裙子撩高一些吗？我可以给你两百块。"

小阿："好啊，你给我五百吧，我给你看我生孩子的地方——喏，这家医院就是。"

人满为患的超市里选购货物，一支色情的手不知从哪个地方就伸向敏感部位；拥挤的公车上被紧挨身体左蹭右蹭，大怒回头，一众男子均做衣冠楚楚模样，清白无辜得很……

暧昧、骚扰无处不在。性骚扰不同于强奸、伤害他人等罪名，其形式往往是对女性进行猥亵的言论和要求：碰触身体，扭拧身体的某一部位或企图发生性关系，将不正当性要求强加于他人，迫使他人服从自己的意愿，长期被骚扰者往往导致严重的心理创伤。

一直以来,小阿都罩在巨大的阴影之下。

又到年末的聚餐,公司的客户都赶过来,小阿不可避免地与明诚会面,他将位置选在她的身侧,故意没完没了地敬酒,摆定了要难为她。

"阿小姐若是拒绝这杯酒,就是拒绝下一年的合作,就是看不起我明诚。"他眼目赤红将酒擎到面前来,使她所有将出口的理由胎死腹中。

这个明诚自恃为公司的最大客户,因工作的多次接触对小阿展开频繁骚扰,他打电话点名让她过来商讨合同细节,文案的修改。反手锁了门,捉住她的臂,将一张嘴凑过来,小阿压低声音纠缠,碰碎了桌上的花瓶,终在坠地的声响中得以挣脱,狼狈地逃出门去。

她负责他的项目,所以他打来的电话总不能不接,被迫地听他意淫。他浓重的喘息使她面红耳赤,她若甩了手,第二天,明诚铁定会将电话打到总部那里,编排她各种劣迹,便有上司阴沉脸走进来,下最后通牒——"阿经理,你若不适合坐这个位置,公司会考虑更合适的人选。"

手机里都是他发的黄段子,一字字读去,只觉他的硕大的头颅浮现在眼前,无法解脱。

他像发情的牲畜,表现了对她的急不可待,小阿却无计可施,只能恨恨地将酒灌入腹中。然而空腹饮的酒直冲到喉咙,只得掩住嘴趔趄着奔向洗手间。翻江倒海地大吐出来,吐到胃里像空空的口袋,脸庞潮红着,冷水也激不去。

柔弱的身体突然被大力搂抱,跟进来的明诚将她抵在墙角,他的手从裙腰里探进去。

拼力推开,将全身的怒气集于手掌,大力掴过去。他愚蠢的

下半身爱

脸立时肿胀起来。

"你这个贱货!看我怎么对你!明天我就要总部撤你的职!"

"好啊,那我就带着你发给我的短信,你打给我的电话录音以及一切你骚扰我的证据去你家当二奶,如果你老婆同意的话!"

明诚一下子瞠目起来,他被说到痛处,再不济的男人在情感上也深惧家里的女人,他想不到一贯柔弱的小阿竟留了这样的手段。"算你狠!"他吐出不甘的言词。小阿的泪随着他的离去肆无忌惮地流了满脸,她的无助和委屈绝不会当着禽兽释放出来。

公共场合的胆战心惊、被骚扰时的无奈、被骚扰后的阴影都成了挥之不去的噩梦。检讨言行,并不曾不端和道出媚语来,但为什么受到骚扰?什么样的信号令骚扰者兴奋、敏感?在被骚扰者锁定的时候,你是期待还是在隐忧?孤身的你被海浪冲到一个荒岛上,醒来后意外发现身边有个人,你希望是谁?

A. 有生活能力的哑巴

B. 好吃懒做会讲笑话听的人

C. 喋喋不休会服侍你的人

测试结果

A. 观念传统,行为保守,对于男女之间的界线划分得很清楚,绝不会对性骚扰产生一丝一毫的渴求。

B. 你既期待又怕受伤害,你不会主动去招惹别人,但会禁不起诱惑。

C. 被骚扰机率非常高,你总是不能控制自己的情欲,忍不住四处招惹是非。

面对性骚扰,你的忍耐程度究竟多大? 小阿的年轻漂亮,衣着时髦是明诚锁定她的直接原因,她的委曲求全又被他看成了可以任意把玩。尽管内心循规蹈矩,但如何避免传达被骚扰的危险信号?

用严谨的形象和言行向周围人明确自己是规矩的正派人很有必要。适宜在卧室里出现的衣装绝不可暴露到大众面前,人多拥挤或僻静的地方更要穿着得体,举止端庄。娇艳的装扮,娇嗔的语气,夸张的举止容易被注目,也错误地传递给他可以挑逗的信号。要懂得适当掩藏外表美,让外表美转向知性美,尽量展示自己理性、聪慧、干练的一面。对于理性而干练的白领丽人,他即使有色心也没有色胆。

为了预防骚扰,在日常生活中还要消除贪小便宜的心理,杜绝过分迎合奉承,不要轻易接受男人的馈赠,警惕与业绩不相符的奖赏和提拔。凭本事做人,不凭关系做人,勇于承担自己工作生活的失误责任,不为逃避处罚而寻求上司庇护。世上没有平白无故的恩惠,天上更不会空投馅饼,种种温情背后可能潜伏着巨大的危机。

婉拒不明确的社交。很多性骚扰都发生在男女单独见面的场合。由于当事双方原本是熟人或同事关系,所以极易在公众和法律面前模糊事实的本质。受害人受制于多重压力和误解的窘境,只能打碎牙齿往肚里咽。聪明的做法是婉拒你认为不安全的邀约,如他仍坚持,就答应他"改天我约你"。总的原则是既不以身试险,又不让那个有权给你"使绊子"的人难堪。若有不可避免的会面,地点要选择在自己认为安全并熟悉的地方,一

旦被骚扰可以安全解脱。当打开房门讲话时,保持一步以上的距离。发现他总是探问个人隐私,目光和举止有异时应马上撤退,否则就会让对方认为这是你的默许。赴约时更不要浓妆艳抹,不要穿过于暴露的服装,免得让对方自作多情,误以为你的刻意打扮是为了吸引他而触动非分之想。他预先准备好的食物更要提防,谨防在食品和饮料中下药。

拒绝态度要明确。单独相处时,他可能突然满含深情地握住你的手,说一些不合适的话,甚至用露骨的语言暗示你。面对这种让人尴尬的状况,表现一定不能暧昧,要态度坚决一本正经地挣脱他,以严厉果断的态度表明你不喜欢这样。男人对女人的初次骚扰一般只是轻微的试探,由此观察你的反应,并决定他的进一步行动。如果你能及时地心平气和地表达出自己的不快,既不伤和气,又能使骚扰到此为止。若他不肯罢手,要态度严肃目光坚定地逼视对方,以鄙夷的口气大声地斥责他。

最重要的,遇到性骚扰时,千万不要有怕羞的念头,忍气吞声的态度反而使他更加肆无忌惮。如果他是一个纠缠不休的下流坏,可以采取必要的自我保护措施,比如可以用微型录音机录下他的言语,以作为起诉时的有力证据。收到骚扰短信、电子邮件、纸条或与性有关的礼物及他人展示的色情刊物,不要畏缩或偷偷将其处理掉,要用坚定的语气向对方说:"你的行为实在无聊,若你不收回,我会投诉。"随即将事情转告其他相识的人,在来往的信件上把骚扰发生的日期、时间、地点和对方的行为、话语记录下来,以备日后投诉所需。

遇到性骚扰时,不但要保护自己不受侵害,还要使骚扰者受到惩罚,消除不必要的恐慌。对骚扰者来说,真正该恐慌的应该是他而不是你,正所谓,做贼心虚。

将流言扼杀于无形

明诚:"我想和你做个朋友,如果你愿意,就把这张电影票收下,否则就请丢出窗外,让它随风而逝吧!"

小阿:"啊,还是还给你吧,我旁边的窗户根本打不开。"

自己的私密事一次次被公开在大庭广众之下,一群群天生的导演,编造着一场场谎言,来安慰他们的生活,是该隐笑,为自己不老的青春叫好?还是该装出若无其事的样子,继续制造一些烟雾,来满足流言者的好奇心?

那些莫须有的流言使小阿日日处在煎熬里,飞短流长经过很多叽叽喳喳的嘴的传播加工,越发有板有眼。洁身自好的小阿成了别人眼里十足的荡妇。

同一行业的美女不只她一人,为什么偏偏小阿有这样的是非?性感,魅力十足使小阿天生就具备惹是生非的气质,她的举手投足,言谈举止总在不经意间掳获周围所有人的目光,因此她只当流言是别人的嫉恨。

小阿照常我行我素,她喜欢扶着楼梯的扶手,一级级跳下去。有时候正好碰到男同事下楼,也会把手搭在他的肩膀上,一边笑一边跳,同事便说:"小阿,你的手传递给我强烈的过电感觉。"小阿大笑:"好,那我就电晕你为止。"

她将头发一圈圈绕在指上,深深嗅着每一根发丝散发出的浴后幽香。她将双腿大开,即便穿短裙也不懂避讳,无论在哪里,她都是人们目光的焦点,不同的是,男人的目光带着迷乱,女

人的眼神里流露出不齿。

和搭档已久的摄影去外滩取景,秃头的明诚突然从背后紧紧抱住她,嘴里嗫嚅着:"小阿小阿,我一直喜欢你,知道吗?"

小阿条件反射般的弹开,在黄昏微弱的阳光中与他对视。脑中一片空白。这样一个人,这样的时间,这样的事,居然发生在自己身上。可是他,近乎虔诚地看着她,告诉她,他的渴望,末了,他说:"你不是也愿意?"

"我,愿意?"小阿艰难地将那些话吞吐出来,感觉像吞吃了苍蝇般的难以置信。

"我知道你的三围,你戴的罩杯。这些都是你在我面前不止一次提过的,来,宝贝,让我验证一下你说的是不是真的?"

"去死!色鬼!"小阿恨恨地骂,同时将手袋丢到男人脸上去。

这之后就有关于和明诚交往的不同版本。先是一种传说,说小阿与明诚在外面开房,接着更离谱的是演绎明诚正与老婆吵架离婚,引起纷争的第三者便是小阿。

和明诚交往明朗或是暧昧,无关他人,也没必要向除了当事人以外的任何一个人解释什么。本以为他们并没有介入她与他的交往,但那些无聊的人在主观意识上的随意流放,对事件的随意刻画和描写并大肆渲染影响着他人的正常思维和判断,从而使事实失真。事情的真相和小阿的本来面貌由此受到非议和扭曲,且流言飞语的形式不乏"中国神话"和"民间故事",在小阿还不知道具体情况的状态下,外面已经传得有如天女散花。

漂亮是女人与生俱来的优势,而欣赏和注目一不留神就改变了含义,在如云靓女中如何区别谁是男人眼里的大众情人,女人眼里的天敌?谁容易引起目标一致的同仇敌忾?雨中等不到车的你遇到陌生的车辆邀约同行,你有何反应呢?

A. 不理不睬地表示不愿搭乘

B. 微笑地礼貌拒绝

C. 邀身边的人一起共乘

D. 凭相貌判断他是否可靠再决定是否搭乘

测试结果

A. 自闭使你常常陷于孤独,再漂亮的容貌也使男人敬而远之。

B. 懂分寸的你是令人羡慕又无法轻易接近的大众情人。

C. 花蝴蝶般地只顾去炫耀自己,却错失爱的良机。

D. 广交往使你成为一众男人追捧的对象,但情人常常移情别恋抛弃了你。

绘声绘色的描述与散播,无聊得让人无奈,此间的尴尬也叫人感到伤感,难不成人的好与坏、优与劣都是在流言飞语中定义?

不排除有目的制造的流言飞语,但在与异性相处时,有些人往往会发出错误的信息,造成对方的错觉,也引起了别人的关注。许多平凡女子的身体都会成为男子的钟爱,何况美女更可演绎出自身的招牌POSE呢。

英语里的"GLAD EYE"可以译成"媚眼"。一双妙目在于传情达意得法,风情万种也并非要在人人面前都一一展露。与男友打情骂俏与不相关的男人就是暗里授受;与男友的琴瑟和谐与不相关的男人就是淫行放荡。调情在前必有调戏在后,调情的结果是能促成一段风流韵话,而调戏的结果很可能是肚子大了生出来历不明的小东西。而后者,只怕"昨日横波目""今做

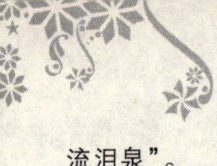

流泪泉"。

毕竟这世界只是由两种人构成——男人和女人,如果你没有打算和他发展到更深入的关系,就应该明白无误地传递出准确的信息,而且让他感知到这一点。这样既给对方以距离感,又能够保留下自己特定的私密空间。

常说女人何错之有?没有生着勾引的心,那些无意之失罪当致死吗?任再多的口舌生事,只管保持自我的淡定从容,自以为就是尊贵而不置一辩,一人来承担所有的悲哀与不幸,一人面对所有不堪说辞就是智者吗?既然无心,怎不将那似与不似清晰地划出斑马线,偏要生出无端的是非与暧昧?

流言最伤人。将那纤纤玉手指定,将心思明明白白道来:"你与我,殊途,不同归。"随着他的转身,那流言也该散尽了吧。

合租的罪与罚

明诚:"假如可以的话,你搬来我房间吧,我生理上感到需要。而且也缺钱用,所以再请你借一百块。"

小阿:"无耻!"

明诚:"如果你不同意就借两百块给我吧。"

历来隐私和性是看点,人们热衷于起哄、猜疑和探讨。陌生的男女突然被幽闭在同一房间内,总给人暧昧和猜疑的理由。

小阿看到莲花桥附近那张合租广告贴出好久,上书"找一个异性分担房租,同住但不同床。"她犹豫着撕下小广告,经历长时间奔走后的疲累,感慨着城市那么大,却没有我的家。她的心情渐由一波三折向平稳靠拢,她安慰自己,跟别人合租房子可以省钱;跟异性合租可以性别互补:男生强壮,女生体弱,异性合租有安全感;女生小心眼,男生大大咧咧;女生易妒,男生比较宽容。

一个小时后,她进入明诚的家门。一个适合的地段,干净幽雅的房子,两间卧室,中间是客厅,很适合两个人共同租住。省钱,也安全。

"我没有任何不良嗜好,没有任何不良记录,没交任何不良损友,家世清白,而且热爱洗碗做饭!"这是小阿对明诚做的自我介绍,确认自己的身份是合租者。

这个时代,同居有很多种含义,而与明诚,只是一同居住。

打电话给妈妈,很含糊地说找到与人合租的房子。惦记女儿安危的母亲自然不知晓小阿与一个素昧平生的男子同居一室,正冒险地对传统男女授受不亲的儒家道德发出了挑战。她高兴地说"那就好那就好"。

小阿放下电话,叹一口气,开始打扫房间,划清界限,约法三章,自尊自爱并尊重对方的一切,是所有内容的主题。当然也罗列了细节的问题,比如衣着要检点,有事先敲门,看清对方的电话号码再接电话,不问对方的私事等等,一式两份贴在了各自卧室的门上。

随着进进出出,陌生感渐渐遁去,陆陆续续地破坏掉那些贴在门上的规则。最早吃了对方做的饭,后来先接了打给对方的电话,说话无所顾忌,开玩笑,分寸渐失。那扇门内,所有的空间加在一起也不足50个平方,当初人为的界限在不觉中越来越模糊了。

渐渐就生出些旖旎浪漫的憧憬。男女之间的交往实质非常微妙,测验对方是否真诚,只需伸出手让对方握住五指中的一指即可测出真诚度,当然要恪守男左女右的原则。

A. 大拇指
B. 食指
C. 中指
D. 无名指
E. 小指

测试结果

A. 他对你死心踏地,甘心俯拜在你的石榴裙下。但要小心他的嫉妒心。

B. 他对你可不是那么单纯,往往事过境迁之后他就会逃之夭夭。

C. 他只想跟你做个红粉知己而已,想进一步交往必须忍受偌大的痛苦。

D. 他殷勤到让你产生反感,只有给他一些苦头吃吃才能训练他成为真正的男人。

E. 他暗恋你已经很久了,但是始终不敢确切流露自己的情感。

隐约地感到气氛不对了,明诚说:"你有没有感觉到我们之间太多的共同点。我是射手座的,你也是;我害怕结婚,你也是;我害怕约束,你也是;我害怕纠缠,你也是;我害怕承诺,你也是;我最爱吃香蕉,你也是。"

这个时候,他的注目掺杂着欲望成分,感觉到他紧盯身体的某一部位而窘迫地绕开,此后尽量不在他面前经过,而该来的究竟会来。

那天,趁明诚不在家,小阿惬意地洗过澡,头发湿漉漉地从浴室出来,刚好明诚打开门从外面走进来。那一刻,彼此的嘴巴都张大不能合拢。

明诚眼里的小阿,只披了浴巾,解除了束缚的胸挑逗地跳动出来,不但压迫视野更压迫呼吸,胳膊和腿都白皙得刺目;小阿眼里的明诚,眼神狂热灼烧着欲望。

"你的胸真美,让我亲亲。"明诚两手忽然抓拢小阿的手臂,撕扯她的浴巾。

不提防他的行动,小阿愣在了原地,他却顺势搂着她,手和嘴一起欺上来。

小阿左躲右闪,来回挣扎,明诚一时无法得手。竟然将手用力掴上小阿的脸,他扯破平日斯文假面,猴急得像在强奸。

小阿被他抵在墙角,脸面肿胀起来,在不绝的泪水里看他,明诚不再是同居的室友,只是一个不堪的下作人。

突然响起的敲门声使小阿脱了险,明诚迅速窜进自己房间,砰地关上门。而小阿在险境里一刻不敢多待,慌不及地将房门打开后,将上门促销的人救命般迎进门,告诉她买下她手里的产品,只求她不要离开。

小阿的女友接到求救电话之后火速赶来,将莫名其妙的促销员打发掉,吵嚷着要找那个下作明诚算账。明诚却早已逃出门去。

虽然搬离,但那样恐怖的经历留下了阴影,生活就这样被颠覆了,因打开了一扇新同居时代的门而被颠覆。

异性合租很难回避爱情,风花雪月本来是两性间不可避免的联想,但由异性合租而演绎出爱情故事,在很大程度上只是一个成年人的幻想和童话。毕竟合租最初的动机不为恋爱,不为婚姻，只为暂时的栖身之所。如果说异性合租的过程中也有感情的介入，最佳状态只是友情和亲情。

法律没有明文禁止异性合租，因此可以认定为是合法的。至于合租中的男女如何相处，外人无权干涉。只要合租方认定自己的行为不是离经叛道，只是在商品社会中的一种新的居住方式，便无可厚非。

只异性合租需承担的风险不在他，而在你。异性合租难免遭遇瓜田李下之嫌，又容易引发性犯罪。而一旦遭到性骚扰或者性侵害，寻求法律保护比较困难。由于不方便取证，即使他侵害你，也会一口咬定是两厢情愿。

合租不恋爱，合租不同居，但凡有理性的合租伙伴都会小心理智地回避这层暧昧的关系。但异性合租潜在的危机是，单身男女共住一房，即使并非一室，也已经非常接近。合租房子的异性很容易由合租演化为同居，仅仅因一时的盲目，往往是伤害了感情，也搅乱了生活。

毕竟这世上不是只有一间房子可以选择，也不是只有男人才出租房子的。

他为什么不结婚？

明诚："我为什么要娶你？娶个魔鬼也比娶你好！"

小阿："不行啊，近亲不能结婚啊！"

"我真的很想知道女人为什么会想结婚，结婚证书不过就是一张纸，我们交往这么久，结不结婚已经没有什么差别，为什么要结婚呢?"

"如果没有差别的话,那我们为什么不可以结婚呢?"

灯光下明诚的面目抹去头尾,像等待枪决般痛苦,而尴尬的对答使小阿内心生了寒。她幻想千百次的求婚场面并未出现——明诚并不曾将婚戒套在她的指上,而是她主动告诉明诚,我已经准备好了一切,请你来娶我。

并不是风流成性的人,然而家庭大事,为什么迟迟不肯解决呢? 对自己的感情不拒绝,可是又不肯承诺,更谈不上负责。

记得第一次烛光晚餐,小阿大胆表白:"我喜欢你。"

"我曾经有老婆。"明诚摸着自己手上的戒指说。

"我只要你的现在而不要你的过去,过去是因为你并未遇见我。"

这样满满的自信使明诚不得不重新审视小阿,她年轻,有朝气,皮肤白皙,身体充满活力。

也许是不错的情人。

单人房里双人床,成年男女的一步步演绎过来,他不过问她的私生活,也保留自己随意支配的时间和空间,除了夜里爆发的激情,平日像清白的合租伙伴。

因为爱,所以宽容,只要和他在一起就已经知足,并不觉得这样会有不妥。直到身边的人都来问:"小阿,什么时候喝你们的喜酒?"才猛然醒悟,原来,还差一纸婚约,一纸使她稳定的婚约。此时她甘心下嫁,他却并不言娶。

在一场并不平衡的恋爱中,得到了什么,又失去什么?

对明诚而言,什么都没有失去,他只是典型的"三不"男人——不拒绝、不主动、不负责。谁叫你来爱我? 主动的投怀送抱令他轻蔑或厌倦。不是明诚的主动追求,所以他也不会主动

分手,摆明一切都是小阿自取的,不关他事。孤单之中本来渴望女人和爱情的抚慰,面对诱惑明诚更不懂得拒绝二字。有女人主动送上门来,他自然以拣便宜之心来对待。男人善将天性的花心辩称为怜香惜玉的绅士所为。在一场并未动情的爱恋中当然更谈不到负责,自私是人的天性,他要的只是每一次恋爱留下的回忆。真心在越来越多的回忆里越发淡薄。

他只是在做减法,而小阿是算加法。一个女人将什么都给了他,毫无保留地,那已具雏形的孩子打掉时还只是血肉模糊的一团,做过的事情需自己承担,你无法让一个对婚姻不抱幻想的男人为自己的轻率负责。

小阿双眼红肿,冷眼瞥了一下明诚,将写好的分手清单递给他——

书架,我买的;

相框,我买的;

时钟,我买的;

椅子,我买的;

以上物品我将搬走。

明诚看了一眼,从桌上拿起一支笔,伏在桌前奋笔疾书,也递过来一张纸——

棉被,免费;

衣柜,免费;

热水瓶,免费;

电话,免费;

无数个夜里的激情,免费;

以上全部免费赠送,欢迎搬走。

小阿刚藏好的泪水又逐渐释放出来,回忆带不走,爱情带不走,用在他身上的心思都不是假的。我是君心千年泪,但偏偏为他流的泪并不被他珍惜。明诚到底畏惧什么? 他不肯结婚是因为在前一个婚姻中留有阴影吗?

要了解一个人的内心,并不是轻而易举的事情,也并不是说,有了特殊关系之后,另一个人的感情世界便会无所保留地展现在眼前。两性之间的肉体关系,很大的可能只是生理上的需要而并非感情的升华。

有这样一类男子,因具有强烈的占有欲又怕负责任,想得到爱,要求女子付出一切,等到他们得到了所企求的之后,又要在真爱面前退缩。他恐惧在婚姻中失去独立的自我,他无力担当,这类人即便逼婚成功,婚姻也不美满。

除了上帝没人喜欢孤独,除了没办法没有男人喜欢独善其身。导致他对结婚避而远之的原因很多,他善用哪种说辞拒绝你的结婚的要求?

A.世界上,将有比我更适合你的人

B.不要说笑,谁要跟你结婚

C.我对结婚根本没兴趣

测试结果

A. 自惭形秽型。对自己的能力或相貌有自卑感,早早预见婚姻的失败。

B. 自命风流型。他只是因崇尚自由而逃避婚姻,信奉女子只可成为女友,而不能成为朝夕相对的妻子。

C. 自我辩解型。曾经被抛弃的经历是他心底抹不去的伤痛,这种阴影导致他对未来的恐惧。

情爱正如拥有无尽风景的路,他会在哪里沉溺呢? 只是沉

溺而不预备在情感上驻足,偶尔驻足的停留,也并非吸引、眷念或想有一生的依靠。男人的爱与生命根本就是不同的东西,以获得乐趣多过谈婚论嫁为目的,婚姻和恋爱对他来说完全是两码事。而女人却视爱为整个生存,爱的本因是为了向终身大事上靠拢,虽说婚姻是爱情的坟墓,但她自愿跳进去,只是吝啬的男人却连坟墓也不肯给,他居然让爱情死无葬身之地。

也许不是一个因由导致他排斥婚姻,停留总有他的借口,停留也不是因为累,因为爱,而是因为妄想拥有你,要求你一生陪伴着他,停留只是为打动他内心的欲望。即便从此别离,在某个清晨醒来,那个忆起往事而胸口疼痛、无法呼吸的也只是你,心颤的是你而不是他。

劝君莫惜金缕衣,劝君惜取少年时。花开堪折直须折,莫待无花空折枝。

当爱情已成鸡肋,一如既往的期待和焦灼虽然无可非议。然而满目的玫瑰徒然开放,自己的位置究竟该摆放在哪里都藏着巨大的未知,不是所有的等待都值得,心诚也不能够令顽石开花。

旅途中,车子在高速路上飞快行驶,车灯打在路旁的标示牌上,会看到亮晃晃的字:NEXT EXIT,即意味着下一个出口。一段感情,在走不通的时候,是不是也该寻找下一个出口?

没有了初贞更要守身如玉

小阿:"每次你外出时,我都很担心。"
明诚:"亲爱的,别替我担心,我随时都会赶回来的。"
小阿:"我知道,那正是我担心的原因。"

与明诚的每次接触小阿都心慌不已,早在很久以前,她失去了自己的贞洁,那是一段不齿的经历。回忆起来便是凌迟。

而明诚是不知的。他把小阿的闪躲看成处女的羞怯,欲发激起对她身体探索的欲望,他一次次对她软磨硬缠。他拉她的手,吻她,他的理由说得如此切实:"你对我没有一点的喜欢吗?喜欢我就给我。"

帮她修理电脑,故意拖到很晚,说自己只睡客厅的沙发,清白的神情使人不忍拒绝。而小阿睡下之后,他却突然进了房间,他热烈抱住她,用力挤进被子,在明诚的搂抱中,小阿的身体僵硬得像一截断木。

他终于达成心愿,全不顾小阿死命咬住下唇,承担身体的痛楚。他缠绵着,激情迸发的一次次撞击她,他畅快地呻吟与沉重的喘息交替在她耳畔,他说:"宝贝,我爱你。"

他疲惫时掀起被子,认真地看了眼床单。床单上没有血,没有代表处女的血色标志。

离开时,明诚嘲讽地说:"你守得这么紧,却不是处女,在我面前守身如玉不过是一个幌子。"

小阿无语,她的心像被鞭子鞭笞过的风化的岩石,表面或许

没有任何改变,内心里实际已经有四分五裂的伤痕。

她被欺骗,被强暴,对粗鄙的性爱丧失信心。他不是她的第一个男人,却连她心理的贞操都夺去——她不是处女,因此就没资格守身如玉!

他看轻她,她也看轻自己。以后又经历了若干男人,当然也都发生过关系。却始终维持着一夜情方式,天亮以后说分手,彼此没有承诺,没有约束,没有真诚地感受爱情,更别谈什么婚姻。她不等他们整理床铺就起身离开,故意走得洒脱,但心里是痛的。

不能忍受他人对贞操的讥讽,小阿对自己感到失望,或者说是对自己的命运失望了,贞洁与放荡比邻而居,她迈出一步,就堕落了。

有时候洗了澡,裸身站在镜子前,看到里面的人是那样的陌生,美丽依旧,只是憔悴不堪,身材也还曼妙,乳房却下垂了——那是拜男人之功。

又遇到一个巧言的男人,小阿措词试探他的心意:"如果我遇上坏人对我施暴怎么办?"他便说:"别反抗,让伤害降到最低,然后回到我身边。"小阿感动得一塌糊涂,他揉搓小阿的秀发,深情地说:"你的生命对我来说比其他的东西更重要,不要因为自己的身体而遭受不必要的伤害。相信我,我是真的对你好。"

水龙头喷射出巨大的水雾,哗啦啦的流水声,撩拨人的心弦,小阿倾力清洗自己,这是她第一次心甘情愿想给的人,她渴望尽情地爱一次。

清晨醒来时,发现枕在他的臂弯里,踏实地搂抱着身边的身躯,第一次,有了一种想长久委身于一位男人,想拥有一份平实感情的愿望。

男人从睡梦中醒来,一眼瞥见怀里的小阿,在激情中再次进入小阿的身体,喘息着说:"宝贝,你缺少感情,我来温暖你。"

小阿回应他,眼目迷离地问:"你是喜欢我的对不对?"

他受惊地翻身下来,急迫地一把推开小阿,拣了丢在床下的衣裤急急地穿好,"赶紧离开,免得被人看见。"

小阿吃惊地看着他所做的一切,"你明明说喜欢我的。"

"别提喜欢,别把自己当处女。这种事是你情我愿,你失恋我安慰你也是正常的事。你赶紧离开,从此我们并不相识。"

天塌地陷的感觉再次袭来。

处女又如何?

贪婪是男人的本性,他希望历经的都是本色女人,他膜拜处女膜,却说最珍贵的是感情,他用爱的名义打开她的双腿,又以她的随便抛弃她。

她为处女时他希望她为荡妇,她为荡妇时他又苛求她为处女。

若女子用处女膜来表现贞操,男人又用什么来证明自己的纯洁呢?

在情感可以作价的年代,在一夜情成为时尚的今天,奢谈爱情本来就是一件危险而不讨好的事。严防死守等来的人早已阅人无数,喜欢狩猎的雄性动物注重的不是爱的本身,而是带有游戏色彩的性。一夜欢娱是最好的消遣游戏,比之与妓女的交易,更显刺激与激情,欲望得到满足,又增添了狩猎成功的成就感。同时免费是男人的心愿,与不同的女人相爱是男人的终极幻想。

基于此,在两性情爱中,他永远是真正的赢家,欲望对男人来讲正和饿了需要吃饭一样正常。当女人在交付出一夜的身体

后,能像他一样把性和爱分开吗?能轻松地抽身而退吗?心底又是否会有一种隐约的情感随着太阳从地平线一同升起呢?你心中叫做"幸福未来"的鸡尾酒是什么颜色的?

A. 红色

B. 黄色

C. 蓝色

测试结果

A. 整装待发,积极面对。

B. 希望被珍惜。

C. 急于忘却一些悲伤的记忆。

大凡一个女子不论历经何种伤痛,她依然渴望被珍惜,被眷顾,她表面虽然做得洒脱,却负累行走;她从不言说自己的寂寞,但寂寞却真实存在;她不去回望内心,内心却空空落落。

穷尽一生梦想,无非是要得到宠爱,真正的宠爱却往往是流星雨,假以他爱来取暖,身体的颤动就能抚慰身心吗?

一夜欢娱注定是天亮以后说分手,意味着无需责任的性接触。男人可以因性而性,他不会单纯为性而付出自己的爱,而女人在感情上的需要远远多过单纯的生理渴求。当一切在无奈或孤独或偶然的情况下发生;当拥抱更多是为了感受被关怀;当渴望性与爱交融的狂欢盛宴;她的行为虽然看似在轻易地付出,但与此同时萌生的真情却不是游戏的心态,她的出轨是纵情多于纵欲。即便枕边人原本陌生,她亦无法回避内心微妙的变化,那隐隐约约出现的渴望又怎么可能只是生理反应?

女人,是上天动情时的造化;女人,永远为情而生;女人,在性的对待上永远输于男人;女人之于男人,是一夜情与一夜性的区别。

无论性观念如何更新,无论女人在两性情爱中是否加进了自己的话语权,亦无法在理性中剥离掉感情因素只单纯体验生理刺激。一夜享用身体的欢乐,精神情感并没有得到真正的满足,那正是事过之后更加无以名状的惆怅,是对爱的期待而未果。

一夜情不是女人与男人在性的方面互相帮助;不是体温交换;不是双方互取所需;不是各自的欢娱,她是女人单方面的不可忽视的情感付出,她对爱的追求无一夜与一生之别,她期待爱朝着温暖的方向发展。而她并不预知爱情已变得如恐龙样稀少,谁还在情感中过多付出?

因为爱他,所以就要毫无条件地满足他?没有责任的男人并不会因为他得到的是处女之身就眷顾珍惜,他也不会因为类似短暂的一夜情保持回避隐藏的态度。男人有了艳遇,通常在要好的哥们面前吹嘘,恨不得全世界都知道。男人是以此为荣的,而你是否可以承负得起呢?

这个世界上,有人偏爱情感大餐,有人却喜欢小菜式的速食。真正有责任感的男人不会轻易将手按在女子的乳房之上,而纵情声色之徒无论他将要你的借口说得多么冠冕堂皇,始终都要记得恪守交往的底线,如果没有在婚时就交出自己,人生的第一次在不经意、无奈或者还不明白贞操是什么的时候失去了,那么完全可以保护好你的第二次,这第二次就是心理贞操,没有了初贞绝不能成为放纵的借口,没有了初贞更该守身如玉,奢望在一夜情中找到感情只是一梦黄粱。

试婚不可取

明诚:"今天一起床,我随手给了她一百元钱。"

男友:"就为这个喝闷酒?你可以和她好好解释解释,认个错嘛。"

明诚:"不是因为这个,而是她紧跟又找了我二十元钱。"

婚姻好比鞋子,舒不舒服,只有穿了才知道。既然婚姻好比一双鞋,那么为什么不先试一试脚,再决定是否穿它呢?

小阿正是抱着这种态度和明诚住到一起的。明诚宠她,她却不能确定他是否是自己中意的丈夫,只能在无间距的同居生活中不动声气的观察他,想着和则继续,不和则一拍两散。

愿望却并不顺应意志的脚步,对明诚的独占欲强烈起来,几次提出结婚的愿望,明诚却一再拒绝。他要求将试婚的期限再延长一些,他说这是感情自然发展的一个阶段,而不是因为未来生活的不确定而进行的试探。

明诚并不否认自己爱小阿,可他不肯将小阿的位置扶正。婚姻的变数太多,而结婚又是人生的一件大事,如果单纯从感情这方面来考虑结婚与否,显然太理想化了。真正稳固的家庭基础是建立在互相了解之上的,这包括小阿做的菜,自己的工作能力,彼此的性格,甚至性的和谐。

在明诚坚持的理论里,小阿终于撞上了做梦也想不到的一幕:就在他们的大床上,明诚和一个女人赤裸着相拥而眠。明诚过后的解释,这只不过是逢场作戏,他并不止这一个女人,很多都是小阿认得的。

明诚平静地面对小阿剧烈的吵闹,他最后说:"在一起这么久,我才知道我们并不适合。你需要一个更好的男人来照顾你,而我,不是那种男人。"

现在才知不合适,那么当初呢?

人生是不可以假设的。亚当未曾想起婚姻之事,他甚至都不知道他需要一个妻子。可是他与夏娃之间是彼此的委身,而不是一场试验。

试,其实就是学。

许多事,人不可能生来就会,因此就需要学。婚姻尤其是复杂而困难的一道题,不能保证第一次就做得完全正确。一旦错了,就要承担内在、外在的许多后果,因此更需要反复验证,以积累经验。试婚与结婚的差别虽然差了那一张纸,但少了宴请亲朋的麻烦,以后万一真的散了,也只是说曾经的那段感情,不会挂上一个离异的称谓。

想想看,这是一种多么不合理、不人道、不科学、不符合逻辑的规则呀。既然彼此都不确定又怎么能够走进婚姻呢?爱,要求的是一生的相守。走进了婚姻,就不再仅仅是爱,还有一分习惯、一分亲情。婚姻固然需要许多知识、技巧、经验、智慧和耐心,但更多的是在漫长的时间中彼此的磨合和改变。如果连婚姻都需要通过验证,那在以后的生活中,彼此间根本得不到相互的信任。作试验性委身,本身就是自相矛盾的,和一个自己不爱的人谈婚姻,和一个不爱自己的人谈婚姻是对彼此的不负责任。

试婚,男人女人都受伤。在开始正式婚姻生活前,要磨合彼此的生活习性,事前预热,尽力营造一个家的真正氛围。你要尽到一个做妻子的义务,他要担当丈夫的责任。可以说,和真正的夫妻并没有什么不同。因为有试验的成分,所以未来也并不确定,一旦出现意外,财务上的纠葛是试婚的最大后遗症。

试验,就是让所有可能发生的现象,无论是好的还是坏的,都统统地以最真实的状态展现出来。这不仅是考验一个人的容忍程度,还对爱情的真假有了最真实的辨别。试婚因为没有身份,或者说身份是混淆的,因此无法约束他的言行,更无法控制他与异性交往尺度,滥情的隐患是试婚的又一弊病。

试婚的目的是使以后正式的婚姻生活更为融洽,但同吃同喝、同床共枕的后遗症不小。"合脚才穿,不合脚就扔掉"的关系不受法律保护。虽然受法律保护的关系也很脆弱,但这种状态总是使自己有一种活在虚拟生活里的感觉。此外,就是留给他的空间大小很难拿捏,既然是试婚,就不能过分要求他把大部分空间奉献给自己,也许你也就占有那么小小一格吧,这滋味并不好受。

在试婚之前,这些你都想清楚了吗?你有足够成熟的心态来面对试验性同居,他是你的 Mr. Right 吗?出一道有着婚礼背景的题以验证他是不是你可以携手走上红地毯的人:一个对新娘不死心的男子,成功地将新娘带出会场,你认为他使用了何种方法?

A. 寻求神父的帮助

B. 化妆成新郎带走新娘

C. 直闯会场带走新娘

测试结果

A. 对他非常有信心,认为他绝对是个适合结婚的对象。

B. 认为与他好好相处应该能过着美满的婚姻,但内心并不完全喜欢他的一切。

C. 认为他根本不是你结婚的对象。

爱是应当相互承诺、相互付出的,而婚姻使双方都能担负起应尽的责任,那才能说是真爱。婚姻是新生的开始。试婚是什么呢?试婚好比是在母亲肚子里的胎儿,难保什么时候就流产了;婚姻是与一个爱的人携手,试婚是与不同的爱携手;婚姻是包容,试婚只是睁大警惕的双眼时时挑刺找茬。

伤人、伤心、伤情,又何必。

婚约的目的是什么?

人与人相遇是缘分,携手是缘分,但也不能为缘分而随便走到一起。生活是严肃的,这是一个道德观的问题,但凡什么事儿,还是先试试的好,只有婚姻除外。

身体不是爱情的救赎

明诚:"失眠的滋味真痛苦啊。头,睡去吧;身体,睡去吧;脚趾,睡去吧!"

小阿:"亲爱的,我这件透明睡衣好看吧?"

明诚:"大家起床!大家起床!"

女人只有对一个男人信任才会让他触摸自己的乳房,和他在一起更是用了很大的勇气,以为信任和爱,温柔和野蛮可以捆绑他。

"我已经不爱你了!"冷冰冰的话刚从明诚口中吐露,小阿就恐惧地大叫起来:"不,我不能没有你。"她自背后拥抱明诚,像倾力拥抱自己的生命。

明诚不留情地转身将她大力推开,却触摸到光滑的肌肤。小阿将自己的处女之身作为挽留他的筹码,明诚的心有如被钩子钩住一般。

意念发出离去的指令,脚步却不肯离开。明诚原来推脱小阿的手现在举棋不定地悬在空中,口中发出由衷感叹:"你真美。"

"求你,不要走。"小阿颤抖着去解明诚衬衣的扣子,却慌乱得无法解开。她将全身的意念集中在十指之上,却仍然解不开明诚的衣扣。

"不,不要这样。"明诚坚定地说着推辞,却用力揽住小阿的身体,他的手覆盖在小阿的双峰之上,急迫地去吮吸她的唇。

恐惧在小阿的心底一片片的蔓延开来,咚咚的心跳越发急促。但仍紧紧地回抱他,笨拙地回应他密不透风的狂吻,忍受撕裂的疼痛,用她的身体完成一场情感的祭祀。

云雨有痕,洁白的床单上绽放出血色的花。

"永远不要离开我。"小阿将脸紧紧贴在明诚的胸膛,枕着他那粗壮的手臂。到底和寂寞的胶质制品不同,她希望此刻的时间永驻。

哪有永远这回事? 明诚发现手臂酸麻,压在上面小阿的头是那么重。腕上的表,秒针在转,时间怎么那么长?

依偎使呼吸不能顺畅,明诚推开小阿。

"你想做什么?"

"我该离开了。"明诚眉目无情。

"不！你不会走。不要走！你已经要了我！为什么得到了就不珍惜?"小阿绝望的大叫。

"女人最珍贵的东西是什么？就是一个处女膜吗？如果你坚持强调我们的感情,而不是一味强调你把处女之身给了我,我会认真考虑的,现在你执意咬住处女膜的问题,逼我要为你的一生负责吗?"他讥讽她嘲笑她,居然使小阿哑口无言。

"你以为上了床就是我的人？没脑子。"他扔下掷地有声的话,扣子都没有系好,就摔门而去。

此时,小阿血液凝固,面目赤红,每一寸肌肤都要燃烧起来,痛苦地看着他决然离去的身影,屈辱不甘的泪流了下来。

然而明诚却不曾真的离开,他将她视为观赏的盆栽。在心情悠闲的时候,可以眯起眼睛尽情观赏她在阳光下跳跃的青春,她柔软而脆弱的迷离色泽,区分于他所见过的那些妖媚的花朵。他的声音蛊惑地钻进耳鼓,"宝贝,相信我,我会使你快乐。"

小阿抗拒说不,意乱心慌,此时他的手却不知不觉地游进内衣。酥软的感觉随之而来,想着也许用身体可以拴住明诚的脚步,想着他以后再不会离开,由此使没有推脱的力气。随着明诚的唇慢慢吻上来,一路下滑,小阿理智上扬起来,但他又如八爪鱼样缠上来,咬着耳垂叫"宝贝,宝贝……"

于是就在那一声声"宝贝"里缴械投降,彻底沦陷。不知道自己是迷恋上了他,还是迷恋上了那一声声"宝贝"。只要一听到他叫"宝贝"就心满意足。

一次次做着他的女人,以为他是爱着自己的。

开始的开始,也好像真的已经相爱,用身体给爱情加温。有时候明明没心情,只要他在耳边叫着"宝贝",就会沦陷。他不喜欢用避孕套,明明知道那会怀孕,但他依然故我,只是吩咐

大把大把地吃避孕药。一年过去,做了几次人流,身体迅速地枯萎下来。

三分钟的惺惺相惜,仓皇一时的迷眼乱花也惹得明诚心生厌倦。小阿明白自己只是他的下半身情人,若转念让他的上半身也来喜欢,就成了他眼里丑陋不堪的卖弄,他打她骂她羞辱她,她却一次又一次丢弃强硬的姿态哭着求他留他,为他做饭洗衣拖地,受尽奚落,变得容貌枯槁,走路拖沓。明诚看在眼里,却不怜惜,他用那招牌的性感声音继续叫着一个另一个"宝贝"。他贪恋的只是女人的身体,他总是很难满足,不停地需要。无数个宝贝成为他的主角,在那张留下他与小阿无数欢好的床上。

终于在无法挽回中甘心离开,终于懂得下半身爱情长久不了。收拾行装,内心凄凉。没有争吵,争吵是不理智的。

时间缓慢,他倚在床上斜眼看离去的小阿,却不挽留——在仿佛的情节中,他看到了曾经离去的自己。

小阿滞缓转身,心慢慢地碎了。

为着离开,一次又一次地和自己的内心抗争,她爱他,爱得入骨。厮守的日子从来都感到时光的迅捷,生怕他离开。而现在却觉得时光无涯,不会有天明,不会有明天,更加不会有将来。转身即是天涯吧。

终于明诚开口,"宝贝,上床吧,我们好好交流。"他拍着床边。

"不。"小阿抗拒着,为他此刻的下作而不齿,"还有什么可以交流的?站着不是一样可以?"

"床上更舒服嘛。"明诚坚持。

"不,我要走了。"

"只一会儿的工夫。"明诚表示:"交流半个小时。"

"不。"小阿肯定。

"一刻钟,一刻钟总可以了吧。"

"不。"

"五分钟,我只求五分钟,你怎么那样狠心!"

心里一软,便被明诚用力拉上床,紧紧拥抱,抚摸。他吻她的胸,小阿一阵痉挛,"你爱我吗?"

"宝贝,我喜欢你。"

明诚发出含糊的声音,继续热切地探索她的身体。

小阿只觉心里一凉,推开伏在身上的明诚,将凌乱的衣裳整理好,头也不回地扬长而去。

那些打着恋爱幌子寻做爱的人,在欺骗谁?

爱情是走是留与下半身并不相关,如果两个人的上半身无法沟通,自然也不想下半身长久亲近。若以为用下半身可以留住一个不爱自己的男人,来延长一段不爱的时光,那就未免太高估自己的下半身了。

留住爱情的,只是上半身。关乎性格与智慧的上半身是他长久恋慕的真正原因,他知道美丽而长久的爱情必是上半身的事。

如果男人真心爱一个女人,他渴望得到她的下半身,因上半身和下半身契合才是最完美的爱情。但如果只肯给他上半身,他也是愿意的。他投入爱,所以宁愿自己的下半身受一点煎熬。喜欢一个人,就会担负责任,控制好自己的下半身。

即使男人不喜欢一个女人,也同样对她的下半身感兴趣,不同的是他得到却不会负责,他不拒绝短时欢愉,却不会长久厮守。不喜欢她,所以就不会怜惜,他只管纵情自己的下半身。

而许多爱里的人却一叶障目,不见泰山,过分相信爱的真纯,不敢正视内心。其实他是不是下半身情人完全可以通过测验了解到。写下如下五件事情,问他会依次做哪件事?

A. 老板找他

B. 电话响起来

C. 去洗手间

D. 你在等他

E. 有客户来访

测试结果

A. 代表他注重你的个性。

B. 代表他注重的是能不能与你沟通。

C. 代表他注重的是性。

D. 代表他注重的是你的长相。

E. 代表他注重的是你能否自立。

我们只是太贪婪,宝贝。

如果只是下半身情人,那么不爱而离开只是上半身的事,这时强迫,引诱,威胁,附加值通通不管用。用生命挽留的愚蠢,用身体挽留的天真。

爱情不是弱与强的争斗,容不得太多贪婪的心机与欲望。自私与好强只能成全彼此的背弃。

谁是谁的宝贝呢？女人渴望成为男人掌心里的宝。而得不到他的爱,也只能沦落成他床上的宝贝,那一声声饱含着欲望的宝贝并不代表爱。女人,只有懂得先要宝贝自己,然后才会成为别人的宝贝。

买来的爱能否长久

明诚:"我将公布您父亲的遗嘱,在公布遗嘱之前,我想满怀诚意地问上一句——"

小阿:"什么?"

明诚:"您是否愿意接受我的求婚?"

金钱是深刻无比的东西,它背后的故事,多于爱情。

明诚是小阿花了大价钱买回来的。那天,小阿遇到明诚搂抱了一个娇媚女子,小阿说:"你确定爱她?"

"是的,我爱她,胜于爱我。"明诚淡然回答,却有坚贞的神情。

小阿飞速打开手包拉链,一沓钱掷在明诚面前,"你还爱她?"

明诚艰难地吞咽一下口水,含糊的语言出来:"我爱。"

不断地加重了钱的筹码,看得明诚瞠目起来,他渐放开了携着的手,依在明诚身边的旧爱抬眼惊恐望着,惊惧他的离去。

"好,这些钱给你,我只要你离开他。"

"不,我怎么都不会离开明诚。"那个女子笃定推开小阿的钱,向着心爱的人无比信任地依靠过来。

"你疯了!你怎么可以把这些钱给她?"明诚劈手将那些钱夺过来,慌不及地挽了小阿的手快步离开。

他输给金钱,所谓的情谊在小阿掷下的重金面前早已荡然无存。他将感情作价,而不觉得羞耻。

他出售自己,连同时间,身体,自由和思想在内。

"明诚,肩酸死了,来,给我按摩按摩!"

"明诚,口里干死了,去,将冰箱里冰糖莲子粥拿来给我!"

口吻几乎是命令的,少了恩爱与柔美,她骄蛮的本性暴露出来,颐指气使地支配他。

他仰望她,她的身体藏着不尽的珠宝。在她身上不断盘剥下钞票,就像从巨大的宝矿上不断剥落下亮闪的金沙,他醉心于此。

温柔的手揉捏捶打她的身体,十元二十元的累积着,闭目间总有飞舞的钞票张张旋落过来,看她的肌肤分明不是肌肤,而是一张张的钞票。

按摩是付费的,传送冰糖莲子粥也是有价的。她倚躺在沙发上,陶醉地享受他的喂食,陶醉在假想的爱情里——那些亲吻,抚摸,情意绵绵的慰藉都可以列出清晰的价目。

用钱垄断了他的爱,自以为是安全的,却凡事总有因果。忽有一日,明诚遗弃的旧爱就寻上门来,一样的手法,她在他面前一掷千金——"你确定爱她?"然后抬眼望向明诚,看他的取舍。

"不,爱情是无价的。我爱她,绝不离开她。"明诚将目光坚定投向小阿,小阿泣泪感激地回馈。

"那么我将这些钱给你,买明诚留下来,买你的离开。"旧爱在支票上随意添上巨额的数字递给小阿。

"不,我不出卖自己的感情,我也不出卖明诚。"

而在明诚眼里情谊原本廉价,如渴水的人逢着了甘露,他扯起旧爱就走,大怒着:"你怎么可以把给我的钱给她?"

那女子就甩了手,切齿地道出一字一句:"明诚,你不过是一条狗!为了一根骨头就可以摇尾巴的狗,你的黑心我是早就见了的,当日你弃我择她,今日我费尽心机颠覆地位,原是要来告诉她:你用钱买来的,爱别人一样可以用钱买走!"

仿佛一则寓言,小阿如梦初醒,用钱买来的爱终会丢失,明诚还是以前的明诚,他的为人和评价只是因为钱的变化而完全改变了,所谓爱情无价,也只是钱的诱惑不够。

"我不在乎钱,但是我在乎感情,这代表我是否受尊重和我的价值。"这是明诚常说的话,他为她有偿服务,十元钱的回报会激怒侮辱他,一百块就是欣喜和尊重,十次的侮辱等于尊重?

量变导致质变,爱情的质变不是钱多钱少的问题,而是,爱情有交换的因素在里面就再不叫爱情。变质的爱情怎么还配叫爱情?拿钱换走的也不是爱情,而是人性与尊严。那本是无价的东西,而当你用金钱来换取时已然大打折扣,他的灵魂在标价售卖自己的同时已经龌龊。

钱重要吗?

关于钱的慨叹说得有多么好:

钱能买到房屋,买不到家;

钱能买到药物,买不到健康;

钱能买到美物,买不到物欲;

钱能买到床,买不到睡眠;

钱能买到珍宝,买不到美;

钱能买到娱乐,买不到愉快;

钱能买到书籍,买不到智慧;

钱能买到献媚,买不到尊敬;

钱能买到伙伴,买不到朋友;

钱能买到奢侈品,买不到文化;

钱能买到权势,买不到威望;

钱能买到服从，买不到忠诚；

钱能买到躯壳，买不到灵魂；

钱能买到虚名，买不到实学；

钱能买到小人的人，买不到君子的志。

吸血鬼的额头从不会做出标志，自认为精明的女人却不自知地被吸引，仔细核对，他可归为如下的哪类？

A. 常常买便宜小礼物

B. 没钱却爱刷卡买昂贵礼物

C. 很少花钱送礼物，能不送就不送

测试结果

A. 在紧要关头以自我为重，分手时常常会歇斯底里。

B. 看似慷慨实则斤斤计较，和这种人有金钱往来或拥有共同财产会后患无穷。

C. 对感情和物质都吝于付出，不会主动占便宜也绝不容许被占便宜。

爱情和人性常会受到金钱的考验，世上的喜剧不需金钱就能产生，而世上的悲剧却多半和金钱脱不了干系。当爱情以谋生的方式出现，你应当擦亮慧眼。你要懂得付出金钱买来的爱不会等值，真爱不可以用钱来买，随意出售的爱情又有多少可信度呢？

打破游戏里的幻觉

小阿:"男人为什么都喜欢留长发?"

明诚:"因为,假使被女友发现沾在身上的别人的长发,就会解释说这根本就是我的头发。"

起初,只是为了找个宣泄的方式。部门间的明争暗斗使小阿觉得窒息。上司满嘴孔孟之道,却总是将工作中的沟通变成暗地的排挤,生于七十年代的小阿不喜欢跳舞,很多时髦的消遣方式也学不来。于是她选择了网络,将现实的自己隐匿于虚拟的世界。造化弄人,想不到竟会遭遇明诚。

那天,小阿正在形如仙境一般的地方埋头杀怪。明诚纵马过来,笑侃她破坏这如梦如幻般的良辰美景。他豪气十足地说要带着小阿到处悠游,去见识这一丈之内的江湖。

在远古的时空策马飞驰,看尽凄清的广寒宫,游遍浮华的云霄殿,观赏流水潺潺的潮音洞,仰望云雾缥缈的方寸山,一起扫塔,练级。小阿尽情笑,也痛快哭,排山倒海的情绪使她暂时忘却了俗世的烦忧,放纵于游戏里的欢愉削弱了现实中太多的耿耿于怀。

那时的小阿单纯得一塌糊涂,不求等级不求修炼不求实力不求财富,只希望有这样一个平实而不离弃的人,一起走过游戏中的路。而明诚身后不止一个倾城红颜,知道他并不是可以陪伴在身边的人,也因此可以听到他的声音,领悟他的情绪就觉

满足。

然而明诚却说:"我并不满足仅仅在游戏里见到你,我想我们之间不只是一场游戏。"这个有着庞大背景、繁杂江湖恩怨的帮派人物,纠集了大批人马分布队伍选择阵形只为她一人打设备,他的心思是如此明了。

仿佛日暖的一阵和风,一声春雷,一场细雨,小阿沉睡许久、压抑的情感被唤醒,她因此陷入了混沌不堪的想念,这样分不清日月流年的想念,像梦里喃喃的呓语。

那天,被明诚带去一个唯美的无人谷,是以前不曾到过的地方,感觉到如梦如幻,明诚目光柔情,拉住小阿的手,将心声字字句句道来:"这是我为你买下的山谷,像你这样慧心兰质的女子,本应该住在这样的地方。我将照顾你一生。"

有翩纤舞蝶飞过,空气中弥漫花的香甜,明诚给了小阿口里的一生,他许诺,除了小阿不会爱上任何游戏里的女子。小阿便醉了,醉在夕阳的血色里,醉在似水的柔情当中。

他选在她生日那天举行了浩大的庆祝。所有游戏中的网友蜂拥而至,礼花映散在天幕中,无数的心降落下来。

爱,如此醉人。在千万双眼瞩目下,明诚深情注目小阿:"请你借我你的无名指,我要送你一枚婚戒,用我的一生套牢你,用我的一生照顾你。嫁给我好不好?"

万众欢呼起来,同声呐喊:"好!嫁给他!嫁给他!"

小阿羞红了脸,喃喃成言:"这一生只为公子。"

将购置的山谷改叫无忧谷,将安居的宫殿叫莫愁宫,他买下大量的花籽种植在她行走的路上,他计划生养众多。明诚也不再带小阿外出杀怪。他说:"你是我的娘子,我何忍你涉足险恶江湖?你等我,我打下极品设备就娶你。"

明诚似无脚的鱼,他继续在游戏的江湖里游弋来去,而小阿选择了退隐,她的江湖只在一丈以内,只在对明诚的相望之中。

并未抱着明确的目的交往,网婚只不过是一时好奇。但愈来愈深的交往使她迷失,不能自拔。直到有一个陌生的 ID 寻到她,说:"明诚要骗你到几时呢?他的新 ID 叫做'不二',他说只对我此情不二,若你不信,我证明给你看。"

血涌上来,心却坠下去。知道明诚有一个新 ID,却不知内里的意义——此情不二,此情不二,他还对多少 MM 有着不二情呢?

发了很多消息过去,明诚都没有理会。在电脑前呆坐半日,发过去道:"我亲爱的睡王子,公主亲亲,快醒过来不要不理我嘛!"

明诚打过来一行字——"好累,去打那个极品设备又失败了。"

再发"相公勿难过,借我的胸膛给你依靠。"

始终不见明诚回话,脚步滞缓着走出山谷,却看见"不二"正与那个女子鱼水相融,做着男女间的事,满世界都是他与她的甜言蜜语。

该爱?该恨?如此残忍的剥开真相给她看,是该抛开对入戏人的鄙视而充满感激?感激让她识透不该爱的人?

那么,又如何看他?他带她入戏,用网络缓解了她工作中的压力,却引她跌进另一个重负。这意外的相遇,意外中携手走过的一程,该悲?该喜?

明诚,我已入戏,你因何转身?你何忍我悲,我苦?

刹那间悲凉盈胸。

邂逅固始在上帝的左手,即便算尽生命的一切,最终摇曳的

也只是一场莫可言状的离别。兴于繁华,片刻温柔,击箸高歌,把盏言欢,不过如风、如梦、如幻、如痴,不过是一场醉生梦死的镜花水月。

仿若坐在偌大的舞台前,眼里被迫观看这下作不堪的一幕,心里的帷幕慢慢闭合,告诉自己:人生原是演不尽的聚散离合,这不过只是其中一幕而已。

一切皆有本因。如果当初不沉迷网络又何至如此?

习惯用理性劝慰他人,自己却任性行事,总觉得事情的本质和道理无关,所以明知道做人要上进,还是要消沉;明知道生活要勇于面对,还是要退却逃避。

作为一个生存在群体中的人,面对每天必须面对的人,必须藏起自己的锋芒,收敛自己的个性,面对骄横的上司必须无条件地服从,哪怕有太多的委屈,为了生存和谋求更好的机会发展也要随时表演自己。以社会的标准,扮演着自己的角色。

不能入戏,就意味着不能适应各种生存环境,不能与生活相融。你是一个勇于面对问题的人吗? 如果你没有做错什么却偏遇到以职位压人的上司,你会怎样表现呢?

A.直接服从,心里痛骂上司一顿

B.据理力争,绝不服从

C.暂时服从,然后向上司的上级反映

测试结果

A. 问题收藏家。爱把不愉快的感觉及问题深深埋藏在心底。

B. 勇于面对问题。但不懂均衡之道,常因不善迂回而使事情办糟。

C.这类人有灵活的交际手腕、聪明、清晰的头脑,是个不折不扣的机会主义者。

人的本性长期经受这样那样的压抑,得不到及时正确的释放和宣泄,就会埋下疾病的隐患,如弗洛伊德的精神分析理论,人的躯体和心理的疾病大多源自过去精神压力的不能适时宣泄以及长久以来积压的结果。毕竟人的忍受是有限度的。这时,寻找合理的宣泄方式,为心灵找个舔息疗养的场所,及时减压很有必要。

宣泄减压的方式形如多种:将心情托付于文字会有种诉说的快乐;遨游山水间会有放纵身心的愉悦;品茶饮酒会得以彻底释怀。网络游戏虽说是众多减压方式中一个特别的渠道,那种全面抛开自己,卸下伪装的面纱,使真实的自己得到充分而深刻的呼吸的顺畅,但谨记游戏始终是游戏,关键的是要有一颗平常心。

涅槃种菩提。

不因水湿而抱怨水,不因叶绿而抱怨叶的颜色刺目,要用欣赏的眼光看待世界。需知我们的思想不会改变夕阳的隐落,不能主宰事物的进展,不能延长生命的长度,但可以提高生命的质量,可以增加生命的色泽和厚度。

总有不如意的人,总有不称心的事。压力倾覆,面对而不闪躲,战胜而不溃逃。

揭下爱情骗子的画皮

男友:"你送了一条项链,看把你女友乐的,如果你送她跑车她会更高兴。"

明诚:"可惜跑车还没有假的。"

鱼是水中游荡的自由生命,饵是用来勾引它上岸的诈骗者,这是一个对立的关系,饵被鱼吃掉,鱼也会命丧于饵。究竟是谁得益?

明诚的出现像一部电影的开端——有生之年,狭路相逢,终不能幸免。

"小阿,你的心口只是缺少一场盛大的温暖。相信我,我有能力为你疗伤。"

被经年往事扼住呼吸,回闪出行步步艰难,早已软弱。暗中窥其行色的明诚如投枪一般命中小阿的软肋,顿时便使小阿瘫软下来。

毕竟,再怎么坚强,也终归是一个女子。

带着神往看他,"你当真可以帮助我走出困境?"

"当真!请你相信我,相信我的能力。相信我为你所做的一切,都出于内心本意。"

他的承诺成了头顶之辉,衬得五短身躯都完美起来。

以为他真的能够解开那缠绕的心结,以为内心的魔障可以被除去,以为从此即是新生。

守在许下的空口诺言里,内心潮湿得饱满,像涨了水的河;

又空落得像河床上摊晒来的光光的石头;如同趁着雨长起来的柳梢般绵软欣喜;又如同燃也燃不烈的柴火般郁闷急躁,急迫冲动起来,便对明诚说:"能力有大小,如果你为难请你及时告诉我。"

明诚便激愤地立下誓言:"你这是什么话？别人能办成的事我自然能办成,别人办不成的事我也能办成。这件事只是时间的早晚问题,你一定要相信我,否则就另请高明!"

他懂小阿的症结——软弱,吃定这个无力的女子,他残忍地看着小阿在苦痛里挣扎,自斟自酌,却心安理得地骗吃骗喝骗财,以爱的名义提出无耻的要求。

日子一天天过去,一日长如一年。宿命正在前方的路口冷冷地瞧着,小阿因缘际会地失去最爱的那人,怀着内心的万念俱灰,闭目跳进他设下的陷阱。

下半身爱

明诚口里说爱,将下作美饰成窖藏的美酒,仿佛满肺腑都是醇香。失去金钱又失去自我的小阿,将明诚自编自导的独角戏当真,以为真的是一个男人出自本意的盛情。

其实,不过是隔着时光的杯,自己把自己醉倒了。并不曾真正被他带离困境,那虚幻的温暖不过是一个赢弱女子的左手温暖右手。

被险恶的足绊倒,便有千百双脚来踩踏。明诚的姘头千方百计来接近,设下更下作的局,引诱小阿悲愤地句句道出实情,转头献媚去向明诚邀功。

一个个点连出清晰的线,一条条线勾出轮廓分明的图,比谁都知晓整件事的来龙去脉,山山岭岭,知道了每条路上每棵树的模样,每棵树上的每片叶的神情。小阿在明诚的姘妇抛下的冷中熬不下去,她听得见骨头在冷中咯咯作响。

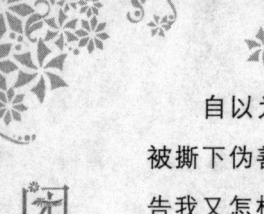

自以为会长久扣在掌心里拿捏把定,却因姘头的左右逢源被撕下伪善画皮,于是摆出泼皮的嘴脸羞恼地警告小阿:"你要告我又怎样?我倒要看看你究竟有多大本事?"

威胁,恐吓的同时,眼目中又要滴下泪来,忏悔、赔不是,各样手段轮番上阵,退钱退财物的满口应诺,自壮声势地说着当面请求小阿的原谅,却蒸气一样逃得无影无踪。

而更为配合的是,明知道他打游击一般躲到别处继续以"组织"的名义招摇撞骗,领导却以"已除名"来应复,而他的二婚女人,更是不知廉耻地大声叫号:"就是骗你又怎样?"

多少人冷眼看这幕戏?又有多少人扣着手幸灾乐祸?

第一次这样鄙薄自己,像一只鸵鸟,深深将头埋在翅膀下面,忽然间觉得一无所有、一无是处。

举目无望,在大悲痛里失去主张,又一再掉进他朋友、同事布下的连环骗局,眼见他被国字号的机构荫蔽狰狞着却奈何不得,旧创未去,又添新伤。

真的使他服法又如何?一向视自尊为生命,拿女人的名誉抵死相拼,不过是鱼死网破的结局。

鱼因所求被饵,在被吞食与被钓住的时间,饵做出引诱,也静静地等候,那么不是鱼做了自投罗网、义无反顾的追随?

同归于尽又有何益处呢?有些事不是没预先敲响过警钟,明诚在初识小阿时,已经大张口袋让小阿向里面投币,她在他眼中不过是一台中奖率很高的老虎机,或一台短路的自动售货机。

他看她坠崖伸出的求援的手,从没想过拉她脱离险境,他只是从她的身上趁机尽可能地盘剥下更多的好处,他看她摇摇欲坠,却狞笑着踹上致命的一脚。

很多事并非无迹可循,试着要求与你关系进一步的他做一件可能做不到的事情时,他会怎样?

A. 满口答应很愿意的样子

B. 稍显迟疑但还是很高兴的答应

C. 一口回绝表示做不到

测试结果

A. 不坦诚。存心欺骗,假情假意的他永远没有真正的朋友。

B. 心思细密很会为人着想。一旦答应就会努力达成任务,无法达成也会诚心地告诉你已经尽了心力。

C. 现实的人。不切实际的事绝不会去做,但毫不留情地拒绝也使人有六亲不认的失望。

没有无缘无故的爱,更不会有无缘无故的恨。也许有些人很可恶,有些人很卑鄙。而当你设身为他着想时,你才知道:其实他远比你还可怜——你不过是为选择怎样的生活方式而苦恼,而他是为了填饱口腹之饥而设局生存。

换言之,他是在向生活伸出乞讨的手。而你,只是无意的施舍者。

原谅他,如果他还使你生气,说明你没有胜他的把握,或者仍然在意他的友情。

有些事情远不在我们的控制之内,那么只好控制自己。记住那些应该记住的;忘记那些应该忘记的;改变那些能够改变的;接受那些不能改变的。

世界上没有所谓的荒凉,贫瘠的土黄色不止一处,太阳高高在上,凝视一切;

世界上没有所谓的低谷,当你没有鞋子,想想那些失去双腿的人。

生气是拿别人的错误惩罚自己。能冲刷一切的除了眼泪还有时间,以时间来推移感情,时间越长冲突越淡,仿佛不断稀释的茶。

当时日渐长,愤懑早已消散,那身心已经痊愈的人,看到从前叫她落泪的人,都会讶异得不置信,问自己:"是吗,就是这个人?怎么可能?如此平庸普通,一事无成,忙忙碌碌地经营生活?"

人出生时,大声儿啼,周围却盛放笑容;人离世时,闭目微笑,而周围却大放悲声。谁是狼狈收场,谁又是孤独地自己疗伤?一切都是轮回。

不做单亲妈妈

明诚:"宝贝,你做掉的那个孩子是男是女?"

小阿:"难道还会有第三种可能吗?"

当爱情无可挽回地走到终点,终于下定决心画上了句号,这对女人来说,是怎样的勇敢?而爱一旦成空城,是否还有足够的勇气去面对未来的路?重新开始一段新生活?

有时候面对新的开始往往比结束一段失败的感情更艰难。

明诚走后,小阿的反映强烈起来,化验结果清楚地显示小阿有了两个月的身孕。小阿无比珍爱地抚着自己的肚子,决定生下这个孩子,这是明诚留给她的礼物。

做好了独自抚养孩子的打算——包括物质上和精神上的双重压力,承担教育子女的义务。不准备告诉明诚,不准备去打搅明诚的生活。

不离不弃,白头偕老固然令人可羡可敬,但中途停驻的爱也需要祝福。

改天,明诚却寻上门来。提了两袋食物,谨慎地将在成人用品店里买到的两小盒药递给小阿,说:"把药吃了,一点不痛,我看过说明,流得很干净。"

小阿晃头:"不,我要留下这个孩子,这是我和你的骨肉,我不要失去他!"

"留他做什么?"明诚沉下声来,按捺住不快。

"我要他!我要一个和你一模一样的人,我要和他过一辈子。"

"你疯了?"明诚攀住小阿的肩,毫不怜惜地大力摇晃她的肩,"你会给我带来多大的麻烦?你到底要带给我多大的麻烦?如果我以前说得不清楚,我现在明明白白告诉你——我和你完了,结束了,你现在打掉这个孩子,你找个好人家,好好的过日子,从此我们毫不相关!"

小阿从明诚的手里挣脱出来,轻蔑地望着曾一心爱过的人,一字一字清晰地吐露出来:"明诚,你记住,这个孩子只是我一个人的,与你明诚无关,我不会指望从这个孩子的身上捞名份,我清楚,你是你,我是我。"

明诚的神色尴尬着,嘴上依然不依不饶:"你现在说你是你,我是我,只怕孩子生下来,你就不这样说不这样做了。"

小阿被震怒洞穿,她简直就认不得面前的这个男人,"是谁请你来?是谁告诉你我怀了孩子?你的名字是我的羞辱,我打掉他,成全你!"

夺下明诚的药,在不放心的目光下将药吞下去。所有的愿

望灰飞烟灭。

药服到第三日,子宫剧痛,像被什么东西把身体撕开一样,咬住嘴唇不肯发出喊叫,却疼痛得阵阵眩晕。

一团小小圆圆的绒毛体浸在下体的血里,它的每一个触角好像都发出呼唤——"妈妈,我要活!"

"我要活我要活!"千百个声音推掇着在耳边呐喊,场景回放到一年前,她仰躺在手术台上,医生冷冷地说:"把腿蜷起来。"

紧紧抓住手术台的边沿,死死盯着天花板。

那些冰冷的器具在她体内掏割着,仿佛看到他们在割他的小手小脚,没有比那种疼痛更刻骨铭心,而她最疼的地方是心,不是身体。

孩子下来了,她忍住剧痛欠起身抓住医生问:"是男是女?"

医生用仿若手术刀冰冷般的声音说:"还只是个胚胎而已,看不出来男女!"

还只是胚胎而已,这样无辜的小生命,甚至来不及睁眼看清人世的种种,就被自己的母亲终结了这些权利。他甚至不知道他的母亲是怎样邂逅了他的父亲,当时是怎样的欣喜,后来是怎样的曲折,结果又是如何的伤心?

手用力攥紧,紧到手指扣到皮肉里去,麻木不觉得疼痛,突然她撕裂般的嚎哭声像火山一样爆发出来——"不!"

不用负担的归宿,这个没有了生命的孩子,是男,是女,或是娇俏的一双小儿女? 他们是明诚留下来的礼物,这个礼物不是祝福,而是咒语。

太阳刚刚从冰冷的空气中消失,万物丧失语言。风声、雨声,所有涌在耳中的奇异声音忽然消失。

像一个被蒙了眼睛的人一样,转了几圈,迷失了方向。又是谁覆手于目,遮断无穷尽的去路,竟似没有豁然开朗的时候?小阿在这种迷茫的生活状态下看清了生活的本质。

一切都结束了。他是他,你是你。这是最好的结果。

是怎样一只命运的手,突然被推到这样的一种境地?要面对这样一个艰难的选择——要不要孩子,该不该做单亲妈妈?人生走到这样的关口,该怎么办?

每个人的生命都是完整的,如果能够自己埋单,吃山珍海味,穿貂皮大衣,何罪之有?选择做单亲妈妈,又有何匪夷所思?是谁铿锵有力地说,必须循规蹈矩按部就班,和他结婚,才可生子?难道真心相爱不够,婚姻与生子必须承上启下,先此后彼?婚姻与拥有一个孩子有什么依附关系,跳过婚姻,去实现为人母的心愿,有何不妥?从容挑选自己想要的生活又何必在意别人的指责?

而你的万千理由关键在于,他是否是值得信托的人?是否可以安靠而终生携手?他平时肚子饿时,通常以哪种食物来充饥?

A. 臭豆腐加榨菜

B. 泡面

C. 饼干

测试结果

A. 即使不愿意,他都会基于责任与义务与你同甘共苦。

B. 爱上一个人就会不顾一切爱下去,无论是富贵还是贫穷。

C. 可以一起吃苦,但不能一起享乐。

一个有责任感的男人怎会抛置自身骨肉不顾？怎会无情扼杀自己的骨血？若他丧失伦理道德，生下他的孩子又何异画蛇添足？

在这样变故多生的社会，对一个女子要求她为了孩子而委曲求全已经不值得提倡。不需要假爱情名义，不需要他来分担责任，甚至不需要对婚姻做一个交代，只要生一个属于自己的孩子。给予他生命容易，却如何要面对他的困惑和疑虑？缺失的父爱又拿什么补偿他？

真正的爱情，绝对是天使的化身。一段孽缘，只不过是魔鬼的玩笑。

一个生命来到世间本应是播种爱和关怀，却因父与母的关系而可能成为母亲和孩子痛苦的开端。当小小的他或她降临，一切决定都不可能反悔，一条或明或暗的路注定开始。没有权利要求他和你一样尽责，和你一样担负长时的义务，自始至终，只你一个观众，纵然难过，也是一人的向隅而泣。而他一旦脱离了剧情，落了幕，马上就会回到正常的生活，若侥幸得他回顾，也不过是个扼腕叹息的悲情故事，你也无非就是在情感上客串了一回。从头到尾他没有亲身参与，他只是旁观者，他可以落幕消失，你可以吗？别人演戏，你演绎的却是生活。

决定做单亲母亲的你还需要拷问自己这样的几个问题——

经济条件可以使自己与孩子都不受委屈吗？

有足够的爱心使孩子正常成长吗？

能承受舆论压力而从容面对吗？

一个情字最难写，它是逆境与顺境共存，希望与幻灭同在的。在顺境中保持清醒的头脑，在逆境中树立顽强的信心，女人难道要比男人承受更多感情失败的痛苦？永远不要因自己的感受而忽视了孩子的感受,不然,再大的幸福人生都不会圆满。

没有永远都凌乱的感情,它完全可以理清理顺。以为足够坚强就可以独自面对人生的风雨,不需要与男人结伴而行;撇清不明顺的关系,可以自己拍板决定,双肩力挑独自去负担一个生命。要清楚抚养的是一个孩子,而非一只宠物狗。

当女人决定做单亲母亲时,没有任何力量可以阻止。仅仅是为了实现心愿而送一份礼物给自己。造物主令女人背负了千年的生理痛楚,但不是传宗接代的工具。

这份礼物并非简单的购物行为,没有三包,也不能退货。完成旷日持久的生养,抚育,必须投入大量的财力、物力、精力、心力,善始善终,鞠躬尽瘁。

男欢女爱意外成就了一个小生命,1+1=3的公式使你没办法忽略宝宝的影响,用结婚这世俗却有效的方式坚守,还是以绝对忠贞为名,放爱一条生路?

时光容易把人抛,红了樱桃,绿了芭蕉;彼时的年少轻狂终会磨成看透世情、美人迟暮。能够全心全意爱一场已经是上天的恩赐,对情对爱都不曾亏欠,还有什么割舍不得?要走自己的路了,感谢爱,曾经那么绚烂地在生命中开放;感谢他,曾经用温暖的手掌覆盖在你冰冷的手指之上;感谢命运,让你失去了一棵树却拥有了整片森林。

唤醒他的失忆症

小阿:"您能跟我聊几分钟吗?"

明诚:"什么?"

小阿:"别误会,每次他要离开时我怎么找也找不到,可只要我和陌生的男人讲话,他总是不知从哪儿就冒出来了……"

正热恋中的他,遇到了意外,醒来时,他失忆了。他忘记了一切,也许并不是全部遗忘,但是偏偏忘记了你。

这个男人,跟小阿记忆中的,完全不同。

从前的明诚,温情儒雅,相貌俊朗,对待小阿是真心的好,而现在,他眼神呆滞,他常对出现在面前的小阿困惑地疑问——"你是谁?"

你是谁?

没有比这更伤人的疑问,小阿看着明诚,神情酸涩、痛楚和惆怅,她泪如泉涌地重述:"我是小阿,我是小阿,明诚,你醒醒。求求你醒醒。"

而明诚兀自沉溺,他醉了,痴了,呆了,傻了。他对曾经的身边人不闻不问,不理不顾,他更换了情人,情人的名字叫做——电脑。除了去洗手间和上床睡觉,他眼睛眨也不眨地盯着电脑显示屏,吃饭时也要将碗端到电脑前。他用QQ聊天,注册账号玩游戏,浏览黄色网站,他在虚拟的社区里有老婆,注册、结婚、生小孩,置办家用,形如现实的程序一样不少。

"明诚,明诚,我在你面前,我是你的妻。你为什么要沉迷那些虚幻的东西？你到底是不是我的明诚？"小阿一次次发出绝望悲呼,这同一个人,为什么记忆里的和面前的这样不同？

而小阿的深情在明诚的眼里根本就是乏味的戏剧。他看她,是完全不相干的陌生人。小阿声嘶力竭地叫着他的名字,喊着他们间的誓言,给他看以前的情书和礼物,面对着小阿的声泪俱下,明诚却只是摇头,只是惘然。他对周围视而不见,他的心思只寄望电脑之上,爱上电脑的速度,简直比火箭发射还快。

道听途说得知网上开店的好处,就忙不迭地注册开店,将平日的休闲时间全部泡在网上,应酬也全部推开。仅几天工夫就彻底沦落为网虫,在论坛上到处宣传产品,将主页频频更新。

眼见他将单眼皮熬成了双眼皮,人瘦了一圈又一圈,小阿百唤不回,心疼异常,她发动所有朋友帮他点击主页。经过不懈努力,明诚的主页访问次数一路上扬,但产品却无人订购。明诚高兴地大呼小叫之余,多少有些沮丧。

开店的失败促使明诚的雄心壮志受挫,他很快转移了目标。他搜索浏览色情网站,看的尽是搔首弄姿、赤身裸体的女人图片,他与视频女郎聊天,在网聊中被她们挑逗得不能自已。他贪恋短暂的感官享受,一味沉溺欲望当中。

像执意学坏的孩子,在不堪的路途上下滑。成年的他自我放纵、不去取舍。他将目光锁定网络游戏,因游戏不但能满足他虚拟的帝王欲望,也能在游戏中邂逅钟情女子。

初始小阿过分相信明诚,哪个男人电脑上没有一两个小游戏？哪个男人没有网上的红颜？相信他爱电脑不会胜过爱自己,相信他的网恋只是一时做戏。相信忘记她只是暂时,相信他的失忆终会痊愈,但真的如此吗？

明诚雀跃地在网上注册结婚,在电话里说着亲爱,眉目间喜

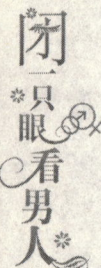

色飞扬。他已经完全漠视了小阿的存在,他的沉迷伤害了身边的人。

失望透顶,却又不能怪他。因为,那不是明诚的错。他不过是"失忆"了。

细心地给予照顾,煲他爱喝的汤,以爱为引。笃实地相信,沉睡的情感会在爱的春天里慢慢地苏醒。

其实变心的恋人如同失忆。不过是,他可能永远也恢复不了记忆。一心守望,在绵长的爱中,他还是爱上了他人。他小心守护着别的女子,全然不顾你在背后的泪。他也不允许任何人打扰他的幸福,他理所当然地认为那个女子才是他一生的守望。他没有了以前对你的感觉,他觉得没有理由再同你在一起。

不要以为他已成年就有资格放纵自己的欲望,不要以为他已有婚娶誓言就会被伦理和道德责任框住,成年人更要对自己负责,成年人更懂得对自己所爱的人负责。不要等到一切都无法挽回了,才知道什么叫做覆水难收。

闭着眼睛只适合在婚姻当中,而不适合在恋爱时,知己知彼,方能百战不殆。越懂得了解他的为人,在爱情战场上就越无往不胜。

你接电话通常是怎样的姿势呢?

A. 一手握电话,一手东摸西摸

B. 捂住嘴巴,随时留意周围的人

C. 什么事也不做,很专注地接电话

测试结果

A. 对爱过于幻想,不相信他会"失忆",忠诚的守候型。

B. 耳根子软,就算他失忆而有外遇,你也会因为他的求情而再次给他机会。

C. 个性率真,而且凡事讲究效率。一旦面对他的"失忆"便快刀斩乱麻。

敏感度高的人,往往都很感性,但也比较情绪化,感情用事;敏感度不高的人理智,但有时疏于防范。

爱,若失忆了,做感性的人还是要宽容他?是让爱从头来过还是让所有情节就此一笔勾销?要如何保留心智夺回他的心,当爱失忆时?

假如遭遇"失忆"的情人,不用焦虑,不用惊慌,只要遵从心意就好。这不止关乎决心和勇气,更需要智慧的谋略和手段。

他喜欢看写真图,不妨等他神情专注、渐入佳境时走到他身后去,制止他因发现你而慌张关闭网页的企图,装作若无其事地观看,一起欣赏,与他一起评价写真上女子身材的优劣,再厚颜的他也会在你的注目下失去观望的兴趣。

他喜欢玩游戏,也申请个账号紧随其后,一边是网络上的出入成双,制止他与别个女子的打情骂俏,一面是现实中的双宿双栖,锅冷灶凉,让他饱尝空腹之饥,再好的外卖也会令他倒了胃口。

他喜欢网恋,就来个以毒攻毒。找些陌生人聊天,故意说些甜言蜜语让他听到,也频频和外界通话,等到他无法忍受时,告诉他这正是他日常表现的映照。

如上三法仍使他无动于衷,那么只有考虑把"失忆"的他换掉了。流逝的水,任谁也抓不住,执意变心疏离的情人,任谁也挽不回。没有一个人非要另一个人,才能过一生,也没有一个人非要为另一个人,执饮情感的苦酒。

冷了的咖啡丧失温度，风冷的冬寒只是孤冷。如果重寻记忆不成，忘记未尝不是一件好事。时光，可以弥留的记忆深沉，而忘记的也只是随时可褪色的记忆而已。

不记起是对失忆的回应，不记起是对自己的恩慈。忘却，胜过陷在无望的幻想里。

如果不是夸大爱情失去的疼痛感觉，其实我们很容易去忘记一段背叛的情感。有三句话要始终警醒地扣问内心——

你热烈地爱过吗？

你充实地生活过吗？

你学会放弃不属于你的东西了吗？

自编自导一个人的独角戏有何益处呢？那本应入戏的人早已走远，华美的妆容总要有人来道一声彩，及时的谢幕是必然，此幕闭合便有彼幕开启，生命是不断的告别与离开，没有停伫不前的戏剧，谁是谁的谁？

身与心出轨哪个可以原谅

小阿："你在想什么？"

明诚："和你想的一样。"

小阿："你个流氓！"

只有情侣间才能分享的事情，而他竟然和另外一个人去分享了，尽管他口口声声说这一夜性与情感无关，但怎么能熟视无睹他的背叛？

小阿外出进修时，明诚被同事拉去三里屯酒吧，兴致正好时,同事被女友一个电话召回,独斟独饮的明诚后来遇到一个前卫时尚的女子。那样的环境下,那样一个妖媚的女子,昏黄的灯光投射在她身上,使她看起来像午夜起舞的精灵。

交谈、喝酒,彼此醉在目光的深潭里,之后的事顺理成章,做爱几乎没有太多的前奏。在明诚的家,他的手捏住她的腰,她顺应地倒在床上。

尽管明诚洗了床单,紧张地检查一切可能留下的证据,敏感的小阿还是从枕巾上遗留的一根长发看出了端倪。之后,质疑、争吵,明诚见瞒不过,只好交代。字字道来的实情像无情锋锐的刺狠戳在心头。

自己的心像被什么带走了,一直都以为,他是世界上最可靠的人,从来没想过有一天他会背叛。

接下来的日子像挥之不去的噩梦一样,前面的路好像被很大很厚的雾弥住,整个人漫无目的深一脚浅一脚地趔趄着前行。很多相似的梦夜夜来追逼缠绕,梦见狂风大作,天一下子昏暗了下去,所有的人都消失了,大声惊恐地叫着明诚的名字,却见明诚牵了一个妖媚的女子步步走来,旁若无人地倒在她们的床上,拥吻,身体蛇一样地扭曲。

在汗湿中惊醒,听见明诚蹑足弄早餐的声音,这样的场景又让自己伤感起来。明诚闪身进来,见到眼睛模糊的小阿一愣,紧紧拥住她,一迭声地说:"对不起,对不起。"

身冷被寒,对明诚的悔改也生出宽恕的心意来,只那人带着浓重的喘息声触摸到身体,就要大力嫌恶地推开他,离得越远越好。对他的身体、温度、气味曾万般熟悉,现在最能安心和放松的人却在眼里厌恶无比。

根本不想知道他们之间纠缠的细枝末节。但如同中邪一般

勾画出的细节像魔鬼一样纠缠着，甩也甩不掉——扎在心里的刺，一碰就生疼。深爱的他怎么可以做出这样不齿的事情来？

明诚的缄默也使她气急败坏，这不是陌生人之间的械斗，而是感情笃深的情侣之间出现的关乎爱情去留的大问题，他怎么可以选择沉默？他有什么权利沉默？明诚的态度使她心痛心寒。忍无可忍时，就像火山爆发一样出来，对着他大喊："说话，说话！"但就是打不开他那张紧闭的嘴。明诚没有勇气把他内心的挣扎告诉身边的人。而小阿内心的敏感和脆弱几乎崩溃。再不能面对不想面对了，小阿逃离现实离开家，躲开明诚的四处寻找，玩猫捉老鼠的游戏。

明诚在电话中恳求原谅，他说："我以为爱我的你，不论我做了什么都不会离开我的。"

这种话尤其令小阿感到可悲，他把她的爱当作为所欲为的权利。而离开的小阿给了明诚更好的借口，他夜夜买醉，夜夜不归，一夜情渐渐成为夜夜情。

他甚至说出："女人无所谓正派，正派是因为受到的引诱不够；男人无所谓忠诚，忠诚是因为背叛的筹码太低。"他说小阿在那样的环境下也会做出那样的事。

这样的混账话尤其令小阿气恼，而他的渐行渐远也使她感到恐慌。当无意中瞥见他的手与另一个女子紧密相携，小阿听到了内心裂帛般的声响。

本可以是不动声色的爱情游戏，却因为坚持不肯退让输掉了尊严，也输掉了爱情的信仰，本属于她与明诚的爱，被另一个女人分享。而这个位置岂不是自己让出的？

——"明诚，我们坐下来好好谈一谈。"

——"还要谈什么？我对不起你，我们关系结束了。"

被他干巴巴地晾在那里,像缆车行到一半突然停电,就那样很白痴地被挂在那里,进也不能,退也无路。

——"明诚,我早就原谅你了,我们……"

——"谢谢你的原谅,不过已经迟了。我已经开始了一段新的感情,我不能对不起她。"

——"那么你就对得起我?你背叛我,对得起我和你在一起多年的情谊?"

是看到明诚真的离去才乱了阵脚,只是缺少了那么一点点的坚持,在快要接近终点的时候选择了放手。明诚,我不甘心,我将幸福弄丢了。

当一夜情出现时,暂时分开,各自冷静地梳理情绪,不至于一时冲动作出错误决定很有必要,及时的坦诚相对更是解决问题的关键。不可回避的一个问题就是:是什么原因促使身边的人背叛了你们的爱情,而做出了出轨的事?是他因无暇顾及他的冷漠一直心存不满,试图从别人身上找到安慰?还是一时情动所致?他是一夜情还是一夜性?这些问题可以从他是否对你追忆前女友而得到答案。

A. 只说对他不好的地方

B. 根本就不提

C. 只说相处的甜蜜时光

测试结果

A. 精神与身体根本分离,精神上再浪漫行动上却中规中矩。

B. 潜意识中对于现状很满足的,偶有精神溜号,但时间不会很长。

C. 只有遇到曾经深爱过的人时才会精神出轨。且因过于重感情，一旦出轨就很难回头。

在感情的世界中没有界线，尤其是在精神上，一不小心就越线到了危险地带。对于随时随地都可能发生的精神出轨，和偶尔一时冲动的肉体出轨，哪个更不可原谅？

是否有感情才会有SEX？还是单纯的性没有爱？

没有什么比他的背叛更令人心碎神伤，但是，后知后觉的你不倦地追寻，执意地扣问，沉溺在麻木无助和自怨自艾中，只会令本有裂痕的感情一塌糊涂。

百分百的爱不大可能。世间男女都会被不止一个异性吸引，关键是他想携手的是不是你？

不能总盯着他的过错不放，他的责任感还在，他的爱还在，要考虑的就是感情的碎片还需不需要重新修补？处处针对斥责，非要他跪在你面前请求你的原谅，这样做其实是毫无意义。如果你还在乎彼此之间的感情并希望继续在一起的话，那么多拿出一些时间相处，试着给爱情一次机会，为受伤的灵魂补足养分。

忘却过去艰难，重新开始不易。但与爱的人执手终老是内心深藏的愿望，珍重言行，明白得失。懂得了这个道理，在一路艰难行进的爱之路上才会风静些，浪小些，而你将来的路也会走得更平稳。

在婚姻的框架上荡秋千

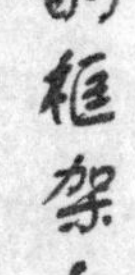

自从咱结婚之后学习都耽误了,这两年啥证也没领。
咋没领?不是领了结婚证和生育证?

嫁给他你决定了吗?

明诚:"什么是真正的幸福?这只有当你结婚后才能知道。"

小阿:"真的吗?"

明诚:"是的,但那时知道已太迟了。"

这是类似情景剧的组合:饮食男女、不断的磨合、吵架斗嘴、东一只西一只总是找不到"孪生兄弟"的臭袜子、打着嗝的嘴巴上挑衅般地黏着饭粒子……

单人房里一旦放置上双人床,逼仄的围城中就有太多的逃不开避不掉。

最近面临结婚的小阿就出现了这样纠缠不休的困惑,身边的朋友轮番上阵言传身教:"小阿,你一定要慎重慎重再慎重,你是不是能容忍他打呼噜像打雷?是不是可以忍受他一连几个小时坐在电脑旁打游戏,而你不得不一次次把饭菜热了又热?是不是考虑好生下小孩身体变形,腰围粗如水桶都不悔?是不是……"

长如十万个的"是不是"使小阿瞠目,当她将这些困惑转嫁给正积极筹措婚礼的明诚——你是不是打呼噜像打雷?你是不是在我把饭菜热了又热时一连数小时执著地打游戏?我生了小孩会不会毛孔粗大,腰围变得像水桶那样粗?如此一来,是轮到明诚闭不拢嘴巴了。

每日来去匆匆奔忙于单位与彼此的宿舍之间,在一起吃早

饭和晚饭,在这点点滴滴的时间里品味微小的幸福,然后在人流中朝着相反的方向向各自的单位进发。生活在这样的情状下向前忙碌奔波,感觉一直是城市的过客,结婚无疑是结束这种漂泊生活的最好办法,为生活而结婚,爱的因素固然没有被排斥在外,但还保有几分呢?那些即将踏上红地毯的新人,在准备好承担为人夫妇的责任时,是否心智成熟到足以担当婚姻?而还在婚姻围城外踯躅的男女,对结婚的态度又是如何?是不想再听周围人的唠叨,还是因为要节约成活成本?是因为他最近又加薪升职,还是因为她肚子里有了明显胎音?是因为感动他的痴情,还是以征服一个人为快感呢?

稳定的生活?融洽的情感?奢华的物质?

诚然,结婚理由多种多样,不能强求婚姻的至上纯美,但面对人生如此重大的选择,你真的准备好了吗?常见的婚姻的借口通常有——

奉旨完婚:以未婚的身份面对周围人,总是皇上不急太监急。不结婚的最大压力是,每个人都要问你有没有结婚,以及为什么没有结婚。

这好比关于鸟笼的笑话,一个人把空鸟笼放在家里,来的人总要问:"你的鸟什么时候死了?为什么死了啊?"

"我从来都没有养过鸟啊。"

"那么,你要一个鸟笼干什么啊?况且是如此漂亮的鸟笼?"

于是不得不屈服于这样的追问,顺从他人买了一只鸟放在漂亮的鸟笼里,这样做要比无休止地解释简单得多。

为了显示心理和生理的正常,为了不再应对"你为什么不结婚"这类令人头痛恐怖的不间断提问,为了提防日日老去的父母,诸如"也不知道活着还能不能抱上外孙?还能不能参加你的婚礼"这类令人伤心的言语,宁愿对婚姻抱着厌弃,也要硬着头皮结上一次。

未婚先孕:尽管避孕这么方便,意外事故发生的概率依然很高。以孩子来捆牢双方,自己也无可避免被套牢,将结婚仅仅当作繁衍后代早已落伍。

寻求自立:这是女孩子普遍会犯下的错误。为了脱离不快乐的家,或者逃避管束,向往自由,女孩子经常会借结婚来达到目的。其实,这根本是一种虚幻式的假独立。盲目结婚不过是由一个火坑跳进另外一个火坑。飞出自己的家,认为结婚是更换一种生活方式,展开崭新的生活,不过是幼稚的梦想。

一夜致富:钓个金龟婿,嫁个有钱人。若有座金山来靠,谁能说不好呢?一切向钱看,尽管求财得财,只怕其他方面未必如意。

满足虚荣:俊男美女人人都爱,美貌的威力所向披靡。哪怕他除了美貌,其他必备条件都不见踪影,可为了击败他身边的莺莺燕燕,成就大悲剧,重要的是忘了外貌的折旧率同样高的定律。

摆脱寂寞:因寂寞而彼此纠缠。宁愿争吵厮杀,也觉胜过孤单一人。一旦置身其中,却发现一个人寂寞,两个人是双倍的寂寞。其实的安全感,除了自己给自己,别人是给不了的。想想看,原来情愿给你依靠的肩膀,又不情愿了,你能怎么办?

年岁恐慌:尽管相信晚婚和不婚都可以是一种成熟的选择,但生理时钟的催促,怕做高龄产妇,年岁增高在婚姻市场中的价值就会递减,于此只好降格以求为结婚而结婚。

人生的聚散离合,原本早已注定;百年的依依情缘,也只因

了执子之手,与子偕老那关关雎鸠的经典爱情。我们不必蠢得问:"我们为什么要结婚呢?"找个理由结婚算不上什么稀奇古怪,只是你又把爱情的位置摆放到哪里了呢?

现在要面对的已不是什么时候举行婚礼,而是该不该结婚的问题。盲目对待婚姻,婚姻却不同于打牌,重新洗牌要付出巨大的代价。即使当时让对方很伤心,但是总比让他几年甚至一辈子伤心强。要知道,不爱对方却和对方结婚是最不负责的。

当你要选择一个终身伴侣时,你要明白,不可以只用爱的名义来营造一个终身的关系,你需要清楚的更多;要明白,你嫁的不单单是一个人,更是嫁给一种生活。这种生活,首先是要认清你爱的这个人的全部。你要有准备,约会时英俊潇洒的他,其实在睡梦中是会打着恼人鼾声的;单身宿舍的小窝里常扔着一堆臭袜子却从想不起随手清洗;平时的笑语盎然,其实很多时候是不讲道理的,甚至连西红柿炒蛋应该先放西红柿还是鸡蛋都搞不明白。很多恋爱中你看不到的缺点,婚后必然一目了然。你不可不记得的至理名言:睁着眼睛恋爱,闭上眼睛生活。

这种生活,还包括你要融入你爱的这个人的生活。恋爱时你们谈天说地从不厌倦,结婚后你才猛然醒悟,你嫁给的还有他那些永远都需要应酬的朋友;除了你,他还有电视这个伴侣,还有足球这个情人。你所要每天面对的,是一个有着至少一二十年不同甚至是截然相反的生活经历和生活圈子的人,你所要习惯的,除了他自己的生活习惯和思维方式,还要包括他的家人的、他的亲戚的,还有很多别的什么。

爱,不是结婚的唯一基础,但它是一个美好婚姻的结果。用充足的心理准备来应对婚姻,用正确的认识来看待婚姻,婚姻就会来临。

拆析婚姻,婚,是女人昏了头。同理可证,嫁,是女人想有个家。婚嫁都从女字旁,说明男人在这场人生的盛宴中只是剧情需要的配角。男人的角色也仅相当于电影演员表中的某甲,结婚日对女人来说是身心的最终定型日。如若你嫁人是为了每天睁开眼睛的那一刻就能看到他,为了每天都可以在他耳边说"我爱你!"你确认他是此生能遇到的最适合的人,你笃定能陪他荣辱与共,患难相随,你不理会童话故事给予青蛙会变成王子的启示,而婚姻给予王子又会变成青蛙的教训,那尽可不顾他人说辞,对不看好你们这桩婚姻的人笑颜回敬:我没亲口尝到婚姻这种水果的滋味,我怎么知道是酸是甜?

亲爱的,如果你已经准备好这场戏剧的上演,还等什么,赶快参加你几岁结婚的测试,千万不要误了出嫁的嫁衣!在有行人的路上发现地上的钱,至少多少钱才会让自尊的你弯腰去捡呢?

A. 1元以下(包括1元)

B. 1元到10元

C. 10元到500元

D. 500元以上

E. 多少钱都不捡

测试结果

A. 20岁左右。不在乎世俗说法,一旦爱上了很快就会跳入婚姻中。

B. 20~25岁。踏实的你眼光不太高,也不抱有"麻雀变凤凰"的幻想。

C. 25~30岁。尽管有自己的想法但也在意世俗看法,信奉

圆满。

D. 30~35岁。眼光过高,宁缺毋滥,一定要各方面都契合才会考虑结婚。

E. 35岁以上。非常忠于自己,不会因外在因素而破坏自己的原则,很可能永远做个快乐的单身贵族。

让吵架成为艺术

明诚:"亲爱的,我非常爱你,但是你不要再对每件事都挑毛病了。这都快使我发疯了。哎,我敢打赌,你不能有一分钟不挑毛病。"

小阿:"好吧,咱们现在开始。可是这房子里热得像地狱一样。你为什么总是把空调器开得很小呢?"

明诚:"哈!我就知道你不能有一分钟不挑毛病。"

小阿:"就算这样,我坚持了多长时间?"

明诚:"三秒钟。"

小阿:"三秒钟,去你的吧!难道我没有告诉过你不要买外国表?那些表根本不准!"

夜来了。墨黑的夜窒息般地罩笼,房间大而空——因为心灵疏离彼此置身其中,房间又紧闭促狭——枕边人的呼吸这样真切可闻。

吵架已成为积习,总是如此,彼此伤害不肯妥协,不同版本的争吵鼓乐喧嚣着上演,却总在一方的沉闷缄默和另一方的委屈哭泣中草草收场。帷幕虽落,但舞台中的对白却清晰着——

"离婚!"

"离就离,明天就办手续,谁不去谁是儿子!"

每一次争吵,小阿都急迫不安地想结束这场无望的婚姻,默想着离婚的各项事宜。但说起为什么争吵又总是无关轻重的小事,越来越趋向死寂潭水般的日子,衍生出的每一变故都可以成为吵架的借口:新装修的卫生间不断漏水;他妹妹的小姑子的朋友的表哥又送来婚礼的邀请函;这个月刚交了自家房的月供,下个月的又鬼魅一样地追了上来。照顾小孩,赡养老人,已经被工作压得喘不过气来,还要计算收支,平衡关系。原本简单的二人世界因各自交往主线的延伸变成了累重而行,爱的激情早已在磕磕绊绊中消磨殆尽,再看他,分明已不复年少时的俊朗激扬。他无理、喜好争执、遇事不肯包容,虽同进同出,同起同卧,但那一腔心腹事的疲倦,令小阿最不能容忍——"你看你,每天阴沉的脸好像死了人一样!"

"死了更好,一了百了,免得看着心里烦。"

"谁令你烦?谁死了更好?你是不是心里巴不得我死?死了你好再找一个?你烦我当时怎么娶我?"

男人与女人的争吵是步枪和机关枪的区别,明诚吞吞吐吐,一个点射却击中要害,本在气头上的小阿顿时溃不成军。

然他却并未因此而有成就感,各自将冷背朝向对方,寒冷肆机钻进他们阔大的被子。他没有掉转身搂抱她,她也没有回头依在他的怀里。争吵使他们的间隙扩展成沟鸿——他们忘记了在寒冷的夜里本该是相互取暖的。

子夜,忽然响起惊雷。他被第一声雷惊醒,下意识猛的用双手去捂小阿的耳朵,却摸到一脸已冷的泪水。小阿压抑的哭泣

顿时泻洪一般,哽咽着投进他的怀抱,他紧紧地回拥她——他还爱她,生怕她受一点点惊吓。她也一样深爱,不然她不会独自一人流泪。

我们一直要求一个与我们想法相同的伴侣。尤其当外表的吸引力已经过去,爱情的盲目期已经结束,到了慎重考虑对方是否可以共度余生的时候,我们希望他的想法大致和自己一样。但爱情又不是控制与反控制的游戏,所有的亲密关系都必然或多或少带着不确定的色彩。爱的最高境界是经得起平淡的流年。

饮食男女的结合会生出诸样东西:爱、孩子、烦恼。爱是唯一,孩子可以生若干个,烦恼则可能是无限量的。细细思量,那些烦恼,那些争吵的理由,比起彼此的相爱,哪一个更为重要?

试试在一面墙体上用力地打进钉子再拔出来,看看是不是有疤痕留下来?在咬牙切齿和无所适从里,疲累、平息、冷战,那些彼此伤害的话却深深根植,像墙体的疤痕不能平复。在无法释怀的坚持、不相让、不和解中使伤害更深,还是要握手言和,与从前相握的手继续相携?如果给你四把各有残缺的伞来应付冷雨,你选哪一把?

A. 有一个大洞的伞

B. 有几个小洞的伞

C. 伞柄弯曲的伞

D. 伞柄很短的伞

测试结果

A. 低头赔罪型。总是主动认错以求言归于好。

B. 原则型。通常要等一阵子,才会主动求和。

C. 个性倔强型。即使明知道错在自己也将罪责强加于人。

D. 健忘型。无论吵得多凶,睡醒一觉就像什么也没发生过似的。

吵架之前,肯不肯问自己为什么而吵？吵架之后,是不是能够主动低头认错？那些争吵的理由是因他洗完澡总喜欢把脏衣服扔在浴室地板上？还是他又指责你新买的衣服是一种浪费这些小事？

有人越吵越恩爱,有人却在吵闹中怒而分手。吵架也有艺术,如果我们善用其中的秘笈不但可以将它调和成感情的全新催化剂,还可以在争吵中磨合理解,感情在经历冲突之后,反而比以前更加稳固和坚实。

怎样做一对越吵越相爱的夫妻呢？有经验的夫妻通常会恪守这样的提升感情指数的锦囊——

秘籍一：就事论事,不伤及无辜。

在发生口角时,切记不要一律杀无赦。不要因吵架而牵拖出一大堆陈年旧事,不要打击对方的家人、朋友以及同事、老板,否则战场将无限扩大,而你原本所想解决的问题却连影子都没看到。在开战前30秒,要先问自己三个问题：究竟是什么在让你生气？这件事情是否很糟糕,需要通过吵架来解决？吵架能解决问题吗？

秘籍二：以退为进,从控诉到沟通。

男人以山为肌,女人以水为骨,柔媚的女人遇到刚性的男人,既不要指着鼻子做河东狮吼,也不要恶狠狠地约法三章,而是要以柔克刚。如果他冷落了你的朋友,与其怒不可遏说："你怎么能对人家那么冷漠呢？"莫不如平心静气地说："你若是招

呼也不打一声就消失不见,我真的很难办,因为本来是有很多关于你的话题要跟大家谈的。"本来没觉得自己做错的他反而觉得你变成了受害者,你要记住:歇斯底里的控诉并不能给你们的沟通打下良好的基础。男人通常吃软不吃硬。

秘籍三:肯于倾听,别打断他的谈话。

若你拒绝倾听,他又怎么会乐于接受倾听你的想法呢?你恶劣对人,又怎能苛求他好颜相向呢?抢白他或打断他,常用"你是说……""你的意思是……"的句型重复对方说过的话,将你的意见强加于他,而"你"句式的谴责在一开始就把他逼进自卫的死角。他为你的乱下判断而恼怒捍卫,反击中无形就建立了防御体系,沟通自然中止,若他顺应你的曲解,附和违心地说:"对,我就是这样想,你的想法就是我的想法。"这样只会令事情愈演愈糟。

秘籍四:禁忌嘲讽,杜绝发展为控诉会。

嘲讽是夫妻吵架时常用的蹩脚伎俩,用途只是激怒对方。不断升级的口舌之争,不恰当的形容词使婚姻在不良争吵中渐渐失去原来的温情。句句误会在给他致命伤害的同时也不可避免地给自己以钝重凌迟,最后以不了了之而收场,以感情不和作为婚姻破裂的借口。

秘籍五:速战速决,不打消耗冷战。

冷战成了一场赌博,赌的是耐心,看谁先选择妥协,而冷掉的是感情。不接对方电话,故意忘记此前的约定,一气之下搬到娘家去住都是愚蠢不明智的,以可以想到的各种各样的形式去惩罚他,但更是在惩罚着自己。

夫妻没有隔夜仇,谁是谁非,谁输谁赢,谁先开口妥协又有什么重要?当你在大街上漫无目的地闲逛想晚点回家时,不如用积极一点的态度给争吵后的感情加温：马上回家一起吃饭；也不要再犹豫要不要接听吵架后他打来的第一个电话，除非你永远都不想接听他的电话，否则第一个电话和第五个电话有什么区别？

掌握吵架的艺术，吵架成为越系越紧的爱情纽带，还是要成为窒息捆绑的婚姻绳索，完全取决你个人的态度。但有一句话不得不铭记：帮他开启了一扇窗户，也就是让自己看到更完整的天空。

对家庭暴力说不

女友："你丈夫爱你吗？"

小阿："爱，非常爱。即便在睡梦里也不忘用拳头和我打招呼。"

所有的婚姻在最初的阶段都不可能是坏的。生活从一个人变成两个人，从别人的子女变成他人的老公或老婆，这种感觉起初令人新鲜、兴奋。将承担保护，使其幸福作为各自的责任，当对方是世界上的温暖和依靠，慢慢却发展成对方为所欲为可以欺负的人，姑息和纵容是给自己种下的最大恶果。按下题对号入座，他通常会采用哪种方式来对待与你的吵架，看一看家庭暴力何时侵入了你的家？

A. 一个人离家四处游荡

B. 摔盘子摔碗，把手边的东西都打破

C. 任你千呼万唤也不理睬你

测试结果

A. 他目前来说还是爱你的。

B. 长期以来对你的不满已经积累到大爆发的地步了。

C. 典型的家庭"冷暴力",你们几乎走到了无可挽救的地步。

以为拳打脚踢才是暴力,却不知还有一种暴力等同于虐杀中的凌迟——不予理睬,不顾及感受,忽略、无视对方存在,放弃交流,最后连说话都放弃了。慢慢形成习惯,盼着对方不在家,找理由加班,回家进门就洗澡睡觉。不触及离婚,却像窒息的手扼住咽喉,还有什么比家庭冷暴力更令人心灰意冷?

而远胜于冷暴力的身体暴力,又能用什么来比喻呢?这是婚姻世界里最无情的冰雹,足以颠覆人生的冷酷的灾难!

惨遭毒打的小阿斜躺在床上,手绑绷带,面带伤痕,漠然的神色隐藏着内心的万念俱灰。

这已经不是明诚第一次打她,有时说着话,一碗热粥就泼到脸上,很多并非争执的口角也会招来他的拳打脚踢。

泪是早就流尽了的,内心仿佛能滴出血来。

明诚又跪在床前,泣泪而下地对小阿说着痛悔和关爱。他暴力与她,却极力表白:他是因为深爱才会如此,暴力即代表他情感的炽热程度。

细心地做每一件事,小心翼翼地说每一句话,尽量不触及他那根易怒的神经,但是该来的总是躲不过。因为一句分歧,他猛地扯住她的头发对着脸面狠狠地左右开弓。耳膜里充斥雷鸣般的嗡嗡声响,趁他接电话的空隙,打开门夺路而逃,顾不得街上车来车往,一直拼命地奔跑。紧紧追在身后的明诚一把踏住跌倒的她,倒拖回来,插住房门,又是一顿暴打。

是什么让一切改变——让两个人之间起于那么炽热的爱情,却止于如此冷酷的仇恨?爱我就应该听我的话,爱战胜一切,所以打是亲、骂是爱;爱不需要说对不起,所以夫妻之间不需要必要的礼貌和客气。因为这样霸道的逻辑,所以爱和暴力合力编织成罗网,使人不能顺畅呼吸。

小阿感叹明诚成长于单亲家庭,在父亲的拳脚中长大,近期工作的频繁调动又使他心情不畅,她用忍耐来体谅他。他也一次次用哄骗和温存使她心存幻想,下一次他可能不会这样了。然而暴力伤害后的平静给了他暗示:这样的暴力是她可以接受的,实在没有什么。于是更严重的暴力便接踵而来。

"小阿,这么个滥人,你怎么还不赶快和他分手?你图他什么?他打你会令你有快感吗?"

身边的女友气愤中口不择言。

小阿默默流泪,不仅是因为她感受了暴力带来的伤害,更是内心依旧怀有对他的炽爱。分手意味着更胜过身体暴虐的凌迟。

人是复杂的个体,从来都拥有复杂的情感,她愤怒、无奈,但还爱他,又恨自己还在爱他。这么复杂的情感很难用简单的理论去概括总结。

肉体创伤不治疗会得败血症,情感的创伤得到放任也会危及健康,持续的施暴好比钝刀割肉,小小的创伤累积起来,使小阿身心重创,疼痛的已不只是躯体,被鞭笞的更有灵魂。闭塞、压抑的小阿听到明诚的脚步声就浑身发抖,看见他的眼神就想着躲起来，神思始终是恍惚的。

在现实面前，爱与暴力如此锋芒相对，暴力与爱不能同生，不能依存。

因何怀有幻想呢？他何忍在你柔弱的身躯上施以拳脚？将冷硬岩石焐在怀里，却始终焐不热内里的石头心。理想化、不确定性、排他性的爱不能克制暴力，只能成为暴力的帮凶。健康的情感应彼此独立又各为重点，不健康的情感才为对方放弃自我，为维持关系而泯灭个性。种什么因得什么果，畸形的情感势必导致另一方以自我为重，习惯于命令与要求，将自身意愿强加他人。这种危险关系正是他暴力频生的关键。

很多暴力其实在家庭未组成之前就埋下了种子。如果婚前对他做了足够的了解，判断他是否有暴力倾向，是否会成为家庭中的施暴者，那么，很多不幸完全可以避免。在期望获得美满的婚姻之前，有必要先问自己这样的问题，再决定是否要与他唇齿相依，百年相携。

问题1：他生气时都做些什么？

不论你们的争执多么微不足道，他却常常几天甚至几星期一言不发或者一直纠缠不休，不停谩骂，用言语的嘲讽来打击你以此获得快感，甚至靠砸东西、捶墙、弄坏物品、伤害你来发泄示威，这正是显示他缺乏自制力的危险讯号。

问题2：他是否对动物很残忍或对他人很无礼？

你应该留意他是否认同此观点：使用暴力达到某种目的是一种可以被接受的事？对他而言，每件事都是别人的错。他能够公开地对他人无礼，就难保在私底下不会对你粗暴。如果他曾经打过你，不管他事后如何表示道歉都不要再原谅他，打破男女关系的禁忌会使他的下一次出手更容易些。惯用暴力来解决问题的他,注定日后也无法用理性来对待日常生活。

问题3:他企图使你在他的控制之下,从不重视你的意见吗?

他是否存在看似出于关心但却可能过于干涉你生活自由的行为?比如,管束你如何穿着,如何做事,甚至可能到了让你觉得没有他,你就不能作决定的程度。典型的大男子主义,一味恪守相夫教子的狭隘思路使他认为女人应该留守在家,照顾他并且要遵从他的指示。他从控制你的意志、言行来提升自尊。长期以自我为中心使他完全忽视了你的意见与自主选择权,你的个人理想总会使他感到威胁,你的成长与发展更使他无法容忍。

问题4:他的情绪是否呈两极化?

情绪呈两极化是人格不成熟的一种反映:心情好时,他很仁慈;心情不好时,容易产生敌意或厌烦。他的自尊心过于敏感脆弱,爱把与他人的冲突都归于对方对他的不尊重。

问题5:他是否曾处于暴力背景下?

虽然产生暴力的原因各不相同,但单亲的家庭背景,缺乏父母的爱和教育,在家庭和社区中目睹过暴力及幼年期曾经历过体罚和性侵犯、早恋、学习成绩不佳等因素,都是潜在的危险因素。这样的祸根一旦埋下,生活中略有不如意不和谐,暴力危机就会一触即发。在暴力环境中成长的孩子,也就学会了以暴力来解决问题。

夫权——夫为妻纲,自私——以己为重,都是暴力的诱因,冲动型、阴鸷型、怀疑型、性畸形人格特征都是暴力的潜在因素。无论你多么爱他,在相恋时发现这样的暴力征兆,都该及早分手,在婚姻中暴露出的家庭暴力更要勇敢叫停。如果不表明你的反对态度,就不能改变现状;如果一味扮演出气筒的角色,被

伤害局面就不可避免。

切莫以为忍受就是爱,显性暴力(身体暴力)和隐性暴力(冷暴力)都是双刃剑,天性柔弱的你在受伤惨重时他也难以幸免,你的唯命是从,逆来顺受,忍气吞声、委曲求全助长了他的暴力倾向,他的性格只能越来越扭曲,异向。

爱情是为了幸福,而不是为了受苦。也许有一天,爱情会不在,婚姻会不在,深爱的他要分开,但至少,我们可以留下残存的温情,而不用这样仇恨相待。为了我们将出生的无辜宝宝,为了我们的子女不成为性格裂变的暴力者的影子,离开这样畸形恐怖的环境。完整的亲情,健康的情感,是你,更是下一代理应享受到的,不是吗?

该不该取缔他的私房钱?

明诚:"老婆老婆,我中了500万大奖!"
小阿:"快说,买彩票的两块钱哪儿来的?"

可曾见风景旖旎的黄山之巅,挂于防护铁索上的万千枚小小同心锁?一为锁住爱情,二为锁住凭证,三为锁住信念,四为锁住纪事的同心锁?

可曾在密密的情人林上种植下幼小的树苗?在小小的木牌上手书:X与Y某年某月某日某时在此植树一棵,以此期待爱情如草木般的青翠成长?

不论是锈迹斑斑的同心锁,还是隐约翻起的黄土培护着的初生小树,一旦留下镌刻着各自名字的凭证即象征情爱的海枯石烂,寓意永结同心不离分。

毕竟人是彼此独立的个体,即便身体契合,灵魂相拥,两个人也不能如想象般的融二为一,化为无间隙的一个。

小阿在打扫明诚的书房时,从一本蒙尘的书中轻轻落下折叠的一页纸——一张六千元的存款单,她的心立即生出无端的怅惘。当初老公挽了她的手,即诗意地吟诵了一句唐代诗人刘禹锡的《杨柳枝》:"如今绾作同心结,将赠行人知不言。"

二人同心,其利断金。小阿苦兮兮地掌管着二人的薪水,打算供房供车,账目笔笔清晰,从无二心,只是老公怎么可以背着她另有所藏呢?这亘古不变的执子之手与子偕老,从来不是一道保险门,又怎能奢望它来守护着情感呢?

婚姻不曾设下保险门,那么1加1永远也不会等于1,一人做着情感的守护者是不公,更是相累。明诚为什么留着这些私房钱?是外面另有妾室?还是原本的心就是离散的?

一旦有了猜忌,再怎么看他的行为都觉猥琐,笑是假的,情意是假的,嘘寒问暖是假的,只怕他这个人也是假的。

小阿后悔婚前没有对个人财产的归属做个公证,也后悔没有签下契约——没有这些保卫爱情和婚姻安全的东西,想着就觉发寒。

黄山上的同心锁犹在,只是情意已离分,也许等不及相思林树木的茁壮,人就天各一方了吧。

若预见到日后的分离,当初拴锁植树还有什么必要?若相爱坦诚,又何需种种形式?

从某种意义上讲,金钱是一个人获得独立和安全感的前提。在英文里,私房钱被称为"eggmoney"或者"pinmoney"。前者指农妇们卖鸡蛋积攒下来的钱,后者是指城里女人由丈夫每月所

给的家庭开支省下来的钱。旧时的主妇买菜时怕钱掉了,就用一个别针(pin)把钱别在裙子上,私房钱因此而得名。

查证到渊源和出处,女人岂不是更该理直气壮地留下私房钱?

从这天起,小阿总会在丈夫交过的工资里截留一部分,想着遭遇婚姻不幸时,要拿出来应对不时之需,或者暂渡危机,心里就隐约发痛。

家庭收支的每一笔款项愈来愈公开化,在金钱的使用和归属上却越来越清楚地分出"你"和"我"。婚姻的安全感也在这样的私心面前缴械投降。

明诚并没有从金钱的支付方式里觉察到小阿的变化,进而感受到她对婚姻的态度。明诚仍是殷勤地忙里忙外,口口声声地说着亲爱的,直到有一天,小阿的父母突然出现在面前,说起小阿交的保险,感慨女儿的孝道,小阿才大吃一惊。

那时明诚狡黠地站在两位老人背后向小阿眨眼,应声说:"是啊是啊,小阿老早就说要替爸爸妈妈上保险了。"

一瞬间的温情打动了内心,小阿明白了那笔令人痛恨的私房钱的用途和去向,也明白了何以半年来老公的烟由七星变成了云烟。

那私房钱原本不是私房钱,是爱!

翻过现实这张牌,清晰明了爱的谜底,一时间感慨万千,攒私房钱的男人原来也这样可爱。带着十二分的愧意,小阿再也没想过携款潜逃,也再没有在明诚每月固定上交的款项里截留,她凭着女人的细心,把那些细碎的、在男人眼里算不得钱的钱一点点儿地收罗起来,流沙样的聚少成多,每每在用得着的时候拿出来,看着明诚吃惊、咧嘴的样子,小阿会意地微笑起来。

对于婚姻关系中的人来说,彼此信实,彼此坦诚是维持婚姻稳定的第一要素。私房钱因为戴了一个"私"字的帽子,就沾上了小心翼翼、偷偷摸摸的鬼祟气息。对婚姻实体来说这份"私"究竟是天使还是魔鬼?你又为什么要攒私房钱?在测试里洞彻你的心——

打电话时,通常会采用如下哪种姿势。

A. 用双手牢牢地握住话筒

B. 握着听筒的上方

C. 一手握着听筒,另一手握着电话线

D. 握着听筒的下方

测试结果

A. 在金钱方面很小心,总是慎重地考虑荷包的问题,属于不浪费的人,以看存款不断累积的数字为乐趣。

B. 爱慕虚荣,容易做无谓的浪费,喜欢将自己妆饰得漂漂亮亮的,私房钱被花在购置漂亮的首饰与化妆品上。

C. 常会冲动地买下自认为便宜,实际上却很贵的东西,或是买一些过后很快就弃之不用的东西,而形成浪费。私房钱多挥霍在不实用的东西上。

D. 大都能干,在金钱方面,持有该花则花、该省则省的观念。这一类型的人,常想出一些能自己创业致富或别人所没注意到的赚钱方法,私房钱用来投资。

一样的私房钱,不一样的藏钱理由。而越来越多清晰明白的条文、协议、契约也早已站在了同心锁隐含着的款款深情背后,希冀通过个人财产归属的认证,婚前财产公证,恋爱契约来保卫爱情和婚姻的安全,但婚姻却是完整不可割裂的,它不是

"你的",也不是"我的",而是"我们"的。

夫妻攒私房钱本无可厚非,婚姻中的双方谁获得收益本来就没有绝对的区别,重要的是不要让大笔资金闲置。经过巧打理实现增值的私房钱不但可以提升婚姻满意度,又能积攒投资心得。用于孝敬父母的私房钱维护了亲情,用于处理亲朋好友人情往来的私房钱密切了关系,用于夫妻间互送小礼物的私房钱,则是爱的解语。

私房钱是为生活留的底牌,为婚姻做的铺垫,为必要时准备的救急之需,但切记攒私房钱不是攒私心,更不可冲击到公共财政安全。如果大河不满,小溪却肆意泛滥,那私房钱就有扰乱公共财政阴谋造反之嫌。做了定时炸弹的私房钱必然带来三大隐患:隐瞒的伤害、容易失控的消费欲望和无法承受的投资风险。

毕竟结婚不是为了离婚,携手不是为了分手,攒私房钱也要得到围墙中的人谅解。若你凡事明朗,坚决反对藏私房钱,那最好的办法是将各种收入透明化,或者实行 AA 制,从某种意义上说,两人 AA 制实际上攒的都是私房钱,比较公平合理,也就不会因一方擅自攒私房钱而引发家庭矛盾。但这样做又往往得不偿失,试想婚后的两人喝杯橙汁都要各付各的账,那是多么尴尬的一件事,再比如将你的卫生棉条,他的剃须刀都详细陈列账目之上,这样的婚姻多么乏善可陈!

男人的私房钱通常用于应酬和社交,在亲朋至友中不至失了脸面。若他每月上交的数目同他的责任一样并不见少,执意追问这笔小钱的来龙去脉又有什么必要?当你孜孜不倦地去查验他私设小金库的私匿方向,按家里的电话号码、生日尾数来猜测密码,按图索骥翻看他蒙尘的专业书内码,又撬开婚纱照的相框,爬进积尘的床下,一一验证家里的死角折腾翻找私藏的存款单时,他何尝不在为提高安全系数而处心积虑胆战心惊?将朋友当成藏匿私房钱的保险柜吗?此种方法虽然被老婆发现的可能性不大,但危险指数却不小。毕竟朋友写的欠条大抵为轻飘飘两指宽的一张纸头,极易丢失,而不要朋友写欠条,又怕对方翻脸不认账。将钱压到办公室抽屉底层吗?虽然这是方便及安全系数最佳之处,但办公室一旦被盗,后果不堪预料,吃了哑巴亏还不敢声张,可谓得不偿失。要不要藏在内裤荷包?虽然可以既防老婆又防盗,但取钱步骤比较繁琐,即使买包香烟,也得先寻洗手间"方便"一回,从那个地方取钱还是很不方便的。存在银行吗?这可是最安全的地方,可麻烦的是存单要放在哪里好呢?

如此处处计算,时时提防,敌进我退,敌疲我扰的严防死守,婚姻在侦察和反侦察中濒于自危而不自知。真若到了这一步,该留意的已不是他把钱藏在了哪儿,而是婚姻何时走到了尽头。

私房钱虽私,却完全可以使其坦荡,让私房钱阳光化的最好办法是沟通理解,而不是猜忌设防。男人难免有急需应酬的事或推辞不掉的个人社交活动,他们的钱通常花在一些自认为老婆不会认同,或者根本没有必要让老婆知道的消费项目上。譬如男人间的喝酒聚会,让自己在家庭之外有一个轻松的活动空间,是男人的理想之一。

毛姆在《人性的枷锁》里说过:"金钱在很大程度上可以维持一个人的尊严。"如果不凑巧被朋友借钱来用,被称为一家之主的男人,如果连一笔小小的资金都无法支配,会惹得多少人嘲笑?他是宁肯藏下私房钱来应对朋友的求借,也绝不愿意为借给朋友数目不多的小钱去请示老婆,如果遭遇反对或者被迫经常催账,多少由大丈夫降为大豆腐的男人会欲哭无泪?

男人更不愿将譬如买足彩这样的投资计划告诉老婆,一方面出于男人的自尊,不喜欢受到盘问;另一方面也认为女性无法承担投资失败的压力。当他范进中举般狂喜地告知老婆自己中了数百万,渴望获得成功后提升自己在家庭中的地位时,做老婆的还要怒气不休追问买彩票钱的来源,这样的男人更要逃之夭夭了吧。

细细想来,在额外奖金中扣留的私房钱对他的工作提出了更高要求,是促进他更加努力工作的原动力,这难道不是塞翁失马的收获吗?

如果男人的私房钱不是偷偷在外面植下花朵,不是做了培植的肥料,那你尽可以双手合十,大喊一句:"主啊,让我安心睡觉,让他放心藏钱吧!"

别用出轨惩罚他的不忠

明诚:"亲爱的,一次婚外情会使我们更爱对方的。"

小阿:"快放弃这个愚蠢的念头吧,我已经试过了——根本就不灵!"

他的西装外套随便扔在地板上,搂抱她,有宽阔的胸膛,是恩爱的生动素描。

只内心愈发空洞,他抱着的姿势妨碍思想,他俯脸向她,脸上的油脂又惹她生厌。

寒冷是入骨了的,由对他的厌弃转而鄙薄起自己来。借来的感情里,这是谁的男人?

无意中在明诚的手机里读到一个女人缠绵的短信,感情自那一次就出轨了。没有谁规定,一个女人要忠诚地在一个叛逃的男人身边守着,既然已经扛不动背叛,不如也学他放纵。

在黑夜里潜行,戴墨黑镜片,细细的足跟踩出轻佻的脚步,在沉醉的夜里燃半截的香烟,坐在吧台旁的高脚椅上,冷眼看华年的流散,长长的烟蒂滴落在鲜红的酒中。

神秘假以冷艳的外衣,便有男人靠拢过来,在耳边嘘着气息——"看你寂寞,我陪你啊。"

回想明诚手机里那个女子亲昵的留言,事后明诚心虚的辩解,小阿故意将一小截雪白的手臂裸露出来,手指划过陌生男子的手背,暧昧的气息便留在空气里。

于是一切顺理成章。

然一切过后,像一个无聊的游戏,小阿丧失了继续下去的意愿,坚定的报复早已无存,想着另一个女人就这样躺在明诚的怀里,仿佛一刀刀钝重的凌迟,于是便哭了。

"你看你,不是你愿意的?若不是你主动,我是绝不会生出是非的。"

"吻我。"小阿梦呓般的声音惹他兴奋,他面目赤红,向小阿的脸贴近。

屏息任他在舌里搅拌,忽然坚定无比地咬下去——

"你你你,你个疯子。"他有如弹簧般疼痛跳离,惊骇地指定小阿。

"好不好玩?"

小阿面对愚蠢的脸失控地大笑起来,明诚的背叛使她昏了,醉了,她迈出最不该迈出的一步。心被表象迷惑着,然而身体是不会说谎的,一直以为自己也可以接受别的身体,可以从别人那

里获得刺激而华丽的激情,但她发现自己根本做不到。她还刻骨地爱着明诚,她躺在陌生人的怀里想着的却是明诚的爱抚,她冷冷看着这个肮脏的男人对自己所做的龌龊,她怎么可以在爱里背叛?

借来一晚柔情,假装被爱,拿痛苦回应他的背叛,这样的外遇是本性使然还是早有预谋? 当你难以分辨内心时,不妨将自己放到这样的场景里——漫步草原之上,自由呼吸那气息之芬芳,这时正有停放在远处的汽车,你认为会是谁开来的?

A. 为摆脱烦恼的女人来散心的男人

B. 为美丽的风景停下来拍照的男人

C. 为了谈判分手事宜前来的男女

测试结果

A. 十足的行动派,对待性如狼似虎,会以对方的背叛为借口屡次出轨。

B. 厌恶异性,或有性虐待倾向,会因为他人和亲密的伴侣多说两句话就气得半死。但也会从背叛的痛苦中逐渐走出来。

C. 对背叛的行为痛彻心扉,也正因为深恶痛绝,所以自己绝不会背叛。

可有一种理由令出轨的行为不令人羞耻? 丢了所爱就去劈手抢夺别人的幸福,谁又会在谁的背叛下痛心落泪? 受伤害的只能是无辜的人。

男人活在激情当中,渴望艳遇,并以艳遇为荣。他以需要呼吸新鲜空气作为出轨的借口,又以打拼太累苛求女人的宽容。一旦女人也做了相同的事,他们却绝对没有宽容的度量。

女人活在爱之中,如果还没有做好离他而去的准备,千万不要做悖驳心意的冒险,不要逞一时之气令自己追悔莫及。

不理智地采取以牙还牙的做法——决定用同样的方式去报复你的另一半,绝对是下下策。也许你得到了一时的满足,觉得让他也充分体验一下你当时所受到的打击和伤害,这没有什么不对,倒也算是公平。但是,要知道,对于已经伤痕累累的爱情,这样做的后果不但无益于事情的解决,反而会雪上加霜。

对他人负责,更对自己负责,诚信和责任一直充当婚姻道德的重要方剂,一旦缺乏,必然苦不堪言。

寻找他外遇的缘由,以此确定他是一时的情动还是本性的放荡,若是后者,还等什么?离婚是最好的结束和解脱。若是前者,"做厨房的主妇,客厅的贵妇,卧室的荡妇"这条原则最适用不过,在卧室施以娇柔,在厅堂之间让他瞠目,让他从此心眼维系,注视你再舍不得离开。

寻找自身不足,若不幸归入"厨房的贵妇,客厅的荡妇,卧室的主妇"这一类,应及时转变。当他一天劳累回家,看到的是你不加装饰的脸,长长的腋毛,踢踏的脚步,锅冷菜凉,任何男人都要厌而失望,外遇只会接二连三。

惩罚并不能带来愿望中的快意,征服才是最大的快乐。别用出轨惩罚男人的不忠,以爱的名义将他幽禁内心,判他做永生的囚徒,一辈子,不释放。

你的宽容是对他的放纵

女友:"如果男人有外遇应该原谅吗?"

小阿:"当然不应该原谅,女性要自尊、自立,不能依附男人!"

女友:"如果你丈夫有外遇,你还会要他吗?"

小阿:"要呀!"

她发现男人在外面纵情之后大闹起来,他便劝她:"只是玩玩,不会认真。"于是便哭:"玩玩?你为什么不带我去玩?"他又说:"我带你去玩,让她到家里来烧饭,你愿意吗?"又不甘心地问:"那你为什么拉着她的手不松?"他说:"那是别人的手,只是没拉过新鲜,又不认真。"

对话偏离了主题,对于质问,明诚总是有应对的说辞——

"那你为什么拉我的手没那么深情?"

"我自己拉自己的手,还要什么深情?"

"你对我一点感觉也没有了。"

"你已经是我的右手,是我身体的一部分,我虽然不特意去想,但我离不开,离开就成残废人了,你说这两只手哪个重要?"

因为爱他,所以允他辩驳,将谎言巧辩成真,将负心说成忠爱。于是一切不合常理的事情就有了生存的余地。向自己的爱情屈服,即意味着将等待变成职业。

十年来,小阿一直默默容忍,等待一个浪子回头,而他身边的莺莺燕燕并不见少,她略有紧张,便总是得他这样的答复:

"有些事情你为什么非得弄明白？非得我说出我的底线，对你有什么好？我不想这样活得没有激情，我们的婚姻中已经没有爱情，但感情依然存在。"

理直气壮说着攀花折柳，把不曾抛弃当成最大的恩典。

慢慢就习惯了他的寻欢作乐，良家妇女一般在家苦等苦候，连打去的电话都小心翼翼："没有打扰你吧？太晚了，还是回来早早休息吧，我不是想扫你的兴，只是担心你身体……"

他恼怒地挂断电话，恨她搅了他的鱼水之好，明诚身边的女人又抢在电话挂断前故意做出媚语来，炫耀一般，小阿落败地扑倒在床上呜呜痛哭，在泪眼中入眠。

想着他不会随便为了什么其他女人而离开，这些年来的承受和付出他是知道的，真的如他所说"这年头投怀送抱的人多了"，对这种廉价的感情不会真心投入。他用生命诅咒他不会离开，她是信了的。

只是每次"无意"看到他的短信，还是会发抖，那种漫过骨子里的悲凉是沁寒的——道义和责任依旧要这样过下去，但他对她视如不见的神情最伤人。本分，辛苦地为他守候和养育孩子，尽着妻子和人母的责任，然而善良一次次被辜负。

"为什么要这样好呢？"是的，为什么要这样呢？他这样追问她，她也这样对自己发了疑问。岂不见《牡丹亭》中有悲悲切切的唱词："我为她，磨穿十指血模糊；我为她，夜半无眠勤看护。"

爱难道不是要心甘情愿的？这样满是泣泪的柔弱申诉，又有着多少不甘在里面？

既然不甘，因何要加以纵容，容他在背驰的路上越行越远？

百合一样安静地操持着家，对他照顾得妥贴周到，总是花足

够的心思做他最喜欢吃的洋葱肉丝、洋葱焖鱼、香菇洋葱丝汤、洋葱蛋合子。

掉魂一样地站在厨房里,将洋葱放在水里,然后一片片剥开,眼睛还是辣得直流泪。在案板上切成细丝时眼睛已经睁不开,热泪长流。他从来不知道那样香浓的洋葱汤,做的过程这么艰难苦涩。

而他留有时间,却一味讨好圆润优雅的小情人。在香山脚下为她买最爱吃的烤地瓜,热气腾腾的刚出炉的地瓜在左右手颠倒着,呵着气剥开喂到她的嘴里,恐她玉葱般光滑细嫩的手指沾了热气。他不记得妻子辛苦操持家务,不记得为他做的每一款香浓的洋葱配菜的制作过程,不记得她的生日,却实实在在记得小情人娇艳如花的巧笑,记得她用银匙子喝咖啡的样子,记得她喜欢吃一道他从没吃过的甜点提拉米苏。

结合时没有悬念,婚后也遗失了共鸣。他如迷路的羔羊奔进了一块新的感情土地,她没有责怪,只有反省,静静地等他找到回家的路。却不知要浪子回头,只是女人的一厢情愿。对于身边人的背叛,选择一叶障目还是擦亮眼睛理性对待呢?如果你与他正打算再筑一处爱巢,会选择哪里的地点呢?

A. 山景别墅

B. 郊岛别墅

C. 半岛别墅

D. 市中心

测试结果

A. 自我牺牲成为他寻欢作乐的祸因。过于宠爱和太过信任使自己处于掩耳盗铃的自欺当中,也使他心安自己的偷情。

B. 以自我为中心，受情绪支配，只考虑到自己的感觉，而不在乎他的感受。他会以你的坏脾气来作为偷情的借口。

C. 温柔典型的贤妻良母。对于严厉和温柔能适度的表达，可以正视他的错与对。

D. 理智性，具有说服他的能力。只是有情敌出现时会乱了方寸，很有可能死心的打退堂鼓，甚至放弃。

在掩耳盗铃的自欺中不妒，对他结交的女子宽容，对他宽容；允许别人拥有自己的男人，也允许自己的男人去搞别的女人。闭一只眼看男人，在他一味纵容里，废弃的良家妇女的称号辉煌起来，在框架里扮演着理性与感性的角色，控制和支配自己的感情，赔着小心，低眉顺目。

如此，就会令家庭的离心倾向加强？对家庭关系、夫妻关系的修复有益？

又如何演绎现代的良家？良家并不代表着牺牲和忍让，而是要用一种新的平衡关系去改变男女之间的相处状态。良家也不意味着自我控制，而是要以开放的心态去面对问题；良家更不应成为道德规范的描述，成为身份的界定，不该在禁锢里丢失自我。

譬如他出去玩，你也去，申请中国移动的手机定位功能，装在他的手机上，有意无意地路过，笑嘻嘻地打声招呼："嗨，好巧！"

还要跑到美容院，签下最贵的美容月卡，护肤、推油、香薰、面膜、桑拿一路做下来，耗金保颜，与其让他拿钱去护花，你更有理由享受肤如凝脂，去换取他眼中的爱意。

更要申请MSN，进入聊天室，和陌生人交流打发寂寞时间，

既快慰又无时间来悲伤。

如果这一切都使他无动于衷,还须一步棋,在他夜半归来时,柔情蜜意地说:"死鬼,怎么来这么晚?我老公马上就回来了。"

谎言并不意味着背叛,他若还在意你紧张你,应当夜夜留守,再不离开;若不再爱你,你还有什么理由为他耽误年华呢?

别相信他对家庭还有道义和责任,有道义和责任的男人决不会背弃家庭去偷情;别相信他只是肉体出轨精神上忠诚,有感情才会有 SEX。

世界上有几样东西失去了就永远也回不来,比如过去了的时光,掉落的头发,割掉的器官和变了心的情人。

留得住人留不住心有什么意思?

把自己变成一只鸵鸟,然后把头猛地一下扎进沙子,以为自己听不见,看不见,事情就没有发生,用拒绝真相来否认事实的存在,相信他不会离开,相信倦鸟一定归巢,其实不过是掩住耳朵取铃铛。

男人花心,但重在自律,一味放纵自己,纵情在感官的享受里,你纵然有博大而温暖的胸怀愿意做他泊靠的港湾,但那颗变了形的心又在何处停歇呢?

谎言不该是灵魂的去向和寄托,离弃婚姻也并非是世界末日,在他离开前眼睛明亮,胜过他离去之后做悲天抢地的怨妇,不亲手打破自设的藩篱,婚姻就永远画地为牢。

明白他已不可信靠,何苦为难自己?善待并且珍重,他已不在意你的感受,你因何也要对自己厌弃吗?

春日游,杏花开满头。陌上谁家年少足风流?妾拟将身嫁与,一生休。纵被无情弃,不能羞。风一吹一个婉转,谁说一千多年前的那个敢于承担"无情弃"的女人还是你的榜样呢?

爱就要心甘情愿。没有了王子,依然是骄傲的公主。

和丈夫的情人面对面

小阿:"你和我老公相差这么多,我打赌他百年之后你还会再找一个伴侣。"

情人:"百年?天啊,到时可谁会要我这老太婆呢?如果他早早就……"

行过许多地方的桥,看过许多次数的云,喝过许多种类的酒,却只爱过一个正当最好年龄的人。

最好的年华交付他,岁月却侵染过来,眉眼间催生痕迹——慢慢感到视觉里的偏差,由最初的相看两不厌到成心的挑剔:女人柔美,他就感受不到辣;女人安静,他就会感受不到酸;女人风骚,他就感受不到甜;女人良善,他就感受不到苦。感受里总有缺憾,这份缺憾总要将关注给更年轻的女子才能弥补。

情谊千金,最终难抵胸脯四两。

任何刺绣和丝绸也比不过女人心思的细腻。眼眸本已被尘世的烟嚣蒙蔽得近乎麻木,在遭遇枕边人背叛时却突然间熠熠生辉。

"给我时间,让我慢慢和她冷却。我知道该怎么做。"这是明诚做出的承诺,但 N 久的时间过去,足以证明这个男人的承诺一文不值。

与明诚的情人谈判是小阿不得已的选择。确信明诚只是贪恋野花而导致迷路,她要通过努力使一个歧路人回家。

晦暗的地下恋情原不是能够登堂入室的,置于阳光之下便觉得刺目。

明诚的情人将目光化做利刃投向对座小阿的胸腔,虚造声势以壮形色,偷情者的猥琐同样在小阿的瞳孔中曝光,细微到无所遁形——暧昧与名份拼足较量。

如同过电影一样,小阿被迫在明诚情人的描述里观看了一场深刻感人又庸俗无比的爱情悲喜剧,本不配登台的女子无意间客串了一回主角,便不免忘形,虽是角色的替补却有故作的炫耀。只这一刻,小阿就已胜券在握。

平静看她:"在我决定成全你们之前,容我先表达对你的感谢。"

万万想不到是这样的开场白,震惊中那个女子的眼眸有如萤火般一亮。

"老婆和情人有如白开水与烈性酒的区别,常品淡水就会觉得日子的索然无味,饮鸩止渴又难保久长。感谢你给了我老公不一样的体验,如我期望一般他得到了快乐,我素来以他的快乐为荣耀,这份快乐等于你间接施与我。"在情人的瞠目中小阿缓缓道来。

"我还要感谢你施与我的第二份快乐。男人经不起诱惑,尤其是美丽女人的诱惑,你走近他,痴迷他,足见他的魅力,这是我长久之功,我理应为培植滋生收获之喜。

感谢你将我老公陶冶成"性"情中人。知性使我庄重,我羞于同他交流,他频生的爱意使我愉悦,这是我不得不说的谢意。

还要感谢你给了我婚姻的信心,我穷其一生追求的只是他对我的心意,不是任何一种内容和形式。如果你就是他一生要找的另一半,我为什么非要横在中间?如果你不是,他终究会回到我的身边。我在一开始就选择了成全,直至今日他也未弃我迎你,可见他对婚姻的看重。

更感谢你成就了我的事业。你的出现替代我在时间上无力陪伴他的愧疚,与你在一起胜于花街柳巷的流连寻欢,这份心安使我攻读了心仪已久的学业。纵使他离去,我也不至恐慌,会有更为优秀的人替代他的位置,我的新生只能是他最大的悔恨。

话止意尽,现在我将明诚交付,只是为你担着心,你将青春维系一人之上,你看那青春却日日老去,当他再弃你迎新,你要拿什么来新生?"

字字有如隐含的利刃,使得明诚的情人脸目赤红,绕梁余音使她愣了片刻,然后拎起手包急匆匆走掉,她主动离开明诚,再没回头。

是谁了解并能容忍他任何一个致命的弱点?是谁陪他经历那些风风雨雨的见证?是谁能始终站在他生命最低谷的边缘?

以为相濡以沫就不被他舍弃吗?就算他向你说尽甜言蜜语,同样的话他也可以跟另一个人说。在这场争夺战中,你有能力令情敌离场,还是自己率先被驱逐呢?在与情敌谈判的路上,如果要你选择一个同行的陌生人,如下的哪个人才会令你觉得安全?

A. 同龄同性的人

B. 中年男人

C. 貌似智者的人

测试结果

A. 对于爱情充满幻想,在恋爱战斗中容易心软,往往是被踢出局的牺牲者。

B. 爱情战斗值有百分之八十以上,分手时你会做主导,会在被飞之前立刻"飞"人!

C. 报复心极重。如果被踢出局一定要设法证明自己绝不是好惹的。好强的性格也注定是失败的一方。

女人若水,堵其源流,走向,未必如愿;男人如沙,居其于心,于手,方为上策。你哪里比不上她?他又怎么轻易就弃了你?

不要在战役里认输,不要将长久坚持的爱推给她,委于声势的是她而不是你。若不明白这一点,就丧失了取胜之机,失了分寸的你,只会步入环环相扣的逆境之中。

食色性的真理颠扑不破。再好的老婆处久了,也还是想知道其他女子的风韵。如果某天,他的白衫落下一个吻形的唇印,身上沾有缠绵时的发丝,手机里频频出现一个固定的号码,即意味着一个与你抢夺地盘,包括男人、家产和时间的第三者出现了。

记住你与情人的区别,你是一周当中的前五日,你每天睡眼蒙眬的起床,准备早点,将脏衣服丢进洗衣机,哄抱哭叫的孩子穿衣,蓬头垢面不到最后一分钟是没法改观的。他眼中的你难免是皮肤粗糙不平,像一根在空气中风干的腊肠。

情人却是星期天,冰镇香槟、烛光晚餐、小夜曲、放纵创意十足的性游戏,情人面对他的始终是千娇百媚的一张脸。

一个人的磨难造就另一个人的福气。巨大的义务雪崩一样滚滚而来,你将一家人的营养食谱、洗衣、清扫、熨烫和采购的计划,甚至冰箱食品的变腐日期都掌握在脑中时,他早就衣着光鲜,魅力十足地外出捕获猎物,与情人度完轻松而温馨的周末假日。这时是将他的情人针锋相对,骂个狗血喷头还是声泪俱下地求她放过你的男人,抑或干脆不理不睬,暗自下工夫对付自己的男人?

对付情人最有效的一招,不是骂不是抢,而是送。最大的惩罚就是将他送给第三者。

不是一心要争夺自己的男人吗?好,给她。将自己的前五日变成她的前五日,情人是不能够终日厮守的,因男人没有足够的想象力把白天的女管家变成晚上的情人。

来不及情人变得疲惫而邋遢,他多半已转身来追求已经独居的你。他若不追又怎样?早已换了新天地,让他后悔去吧,这回轮到做情人的在暗夜里哭。

如何度过失去亲人之痛

女友:"他离世了,你有没有再嫁人?"

小阿:"我同他哥哥结婚了。这样,我至少不需要重新认个婆婆。"

心中的思念,像一波一波推进的波浪。活着的理由都不见了,地球仿佛走过了千百个日夜,四季仿佛倒转了千百个轮回,时间在滴答声中继续,但记忆里还是寸步不离,雕像般彼此凝望。

所有的记忆残忍地在心头拉锯般反复,活着时他算不上最好的,但一切均因他的离去而完美了。

梦里又见他,所有共处的日子喧闹推拉着闪过,像挤过长长

的巷口,一点一滴不遗漏:他弹钢琴的侧面剪影,他在湖边垂钓时的专心致志,他凝望时唇角间的微笑。

泪水流了满脸,欷歔着醒来,在夜寒中起身,他在方寸遗像间疼惜看她,像在说——"小乖,不哭!"

热泪如潮,痛,是更真切了,一滴一滴都是穿石的。怎能不哭?明明说好一辈子携手的,为什么要突然放开?一句"如果有一天将要离开这个世界,我希望最后的归宿是在你的怀里。即使喝下奈何桥边那碗遗忘前世的孟婆汤,来生,我依然能够带着对你怀抱的记忆去找到你"竟一语成讖,这独留世上的苦杯就宣告着一人承受。

没有你我怎么办?脸上的泪水谁为我擦干?

没有你我怎么办?谁来帮我撑伞?

没有你我怎么办?谁来安慰我的心烦?

没有你我怎么办?我的心情还有谁明白?

伤心欲绝时,总是觉得阳光太烈,颜色太刺目,曲目太悲情,每一支曲子都切合心境——疼痛使内心痉挛。

那个清晨没有异样。晨曦隔着草叶图案的布帘,一点点地把北窗照亮。楼下渐渐传来走路和骑车的声音,明诚蹑足起来准备早点,等到小阿还缩在被子里慵懒地睡觉时,明诚已经准备上班离开。临出门时,他忽然用双臂紧紧拥抱小阿,同时缠绵地亲吻她的唇角,说:"乖,等我回来。"

小阿在他扎人的下巴上胡乱亲了一下,眯着眼睛含糊答对着:"好。"

后来不知怎么一直昏睡着,直到被手机清脆的提示音吵醒,才醒悟今天是和明诚结婚一周年的日子。

自责的从床上爬起来,洗漱室里见到明诚的第一张纸条——"我最亲爱的老婆大人,早上好！我的爱在心里,早餐在冰箱里！"

微笑着去找寻张贴在冰箱里的第二张纸条——"我最爱的妻,这是我花了半个月时间才学会制作的樱桃蛋糕,纸婚快乐！给你的礼物放在抽屉里。"

顺着纸条的一路指引,小阿的心柔软地沉醉在明诚的绵绵情意里,不忍拆开礼物上缠绕的红丝带,她要等明诚回来,在他面前真切流露爱的喜悦。

细心地预备下晚宴,盘算着给明诚怎样的惊喜。四点一刻,花店小妹准时叩响房门,在一大束鲜花中,夹着明诚写下的卡片——"我每时每刻的爱：一年以前,我在这个时间向你求婚,许你以一生交付的承诺,如今,你要答应我,与最爱你的我,百岁恩爱,百岁携手,永不分离！"

在心灵的悸动里,那些浪漫统统回来了。结婚后的平淡和失望曾轮番上阵,沉睡的激情唤醒于这个特别的日子,有如初恋般的甜蜜和渴望,简直要不安于这样的等待了——等明诚回来,一定要告诉他,我有多爱他！

当楼梯被急促的足音踏响,小阿一把拉开门,冲口而出的"我爱你"却被急火火的邻居堵住了口——"明诚出事了！"

小阿的口型成O字,她失去意识地跌跌撞撞下楼,刚一见到血泊中的明诚就直挺挺地晕了过去——明诚碾碎的手里握着一大束糖葫芦！

有看到的人告诉小阿,明诚原本到了楼下,听到叫卖声又跑到街对面,将二十多支糖葫芦统统买下来,可是在转身的时候,一辆车突然失控撞到他。

那天临出门时,明诚问小阿——"小乖,告诉我你想要

什么?"

"糖葫芦!"

随口的一句话竟送了明诚的命!明诚为她买下了小生意人的所有糖葫芦,却再也找不到回家的路。

小阿开着灯火等着爱人的归程。而这一步之隔,竟成天涯。

如果明诚不曾买那些糖葫芦……

小阿在悲痛里不能自已,她无法原谅自己的过失,在明诚走的那天清晨,她甚至都没有为明诚准备一顿早餐,不曾给明诚一个拥抱,不曾说过一句"我爱你!"

从头看起,结婚的三百六十日,又何曾给明诚预备下一顿早餐?何曾给过明诚过多的拥抱?又如何吝惜地说"我爱你?"

总是安然享受他的好,怕她劳累,力劝她辞去工作,做全职太太,而所谓的全职,只是享受明诚的照顾。明诚那么辛苦地工作又是为了什么?

明诚放在抽屉里的礼物看一次哭一次——一双露趾、细带的时尚女鞋,明诚充满爱意地写下:"爱人,这是你上次在网络上看到的鞋,感受吾爱,一生只与你倾情共舞!"

只是明诚,失去你,我已失去行走的能力,我是窒息的无脚鱼,再漂亮的红舞鞋于我也毫无意义。

当日三毛在失去挚爱荷西时说:"感谢上天,今日活着的是我,痛着的也是我,如果叫荷西来忍受这一分又一分钟的长夜,那我是万万不肯的。幸好这些都没有轮到他,要是他像我这样的活下去,那么我拼了命也要跟上帝争了回来换他。"

离去的人不幸,活着的人痛楚。只是明诚,你是我全部的天地,纵我不舍你走在我之后,但先行失去你,我又岂能独活?

冰箱里的纯奶蛋糕盛放着玫瑰,尖尖的花瓣沾着饱满的红樱桃,反射着爱的光芒——"我最爱的妻,这是我花了半个月时间才学会制作的樱桃蛋糕,纸婚快乐!"

那些爱还真真切切地保留着,宠溺和爱恋却再也寻不见了。刚刚开始的幸福,猝不及防的结束,因太过突然,以致措手不及。

恍恍惚惚想着那些快乐,不敢相信爱已结束。城墙虽牢固,却因孟姜女的寻夫泪而浸倒,斑竹也青翠,却被娥皇女英的伤痛洒透了,在痛里勉力行走,春天,就这样尽了。

明诚说——"你要答应我,与最爱你的我,百岁恩爱,百岁相偕,永不分离!"

明诚还说——"一生只与你倾情共舞!"

迢迢不归路隔绝他永远的关爱,临行的寄语灼痛神经,凝固起来的忧伤环绕成祭祀。

灵魂长眠黄土之下,呼唤抵达天堂之上。

每时每刻都在祈祷,祈祷着能再度相见,祈祷所爱归程,宁愿承受他的变心背叛也不愿他这样的撒手而去。

只那辜负的痛要比这样的痛更深切的吧。

越迷惘越苦痛。风儿柔和,还在旋舞;鸟儿振翅,还在飞翔;流水绵绵不绝,游鱼畅然行走,只日日煎熬在刻骨的思念里,虽然做了暂时的不死鸟,但堪比翼的羽翅已折。世界黯然,忧伤也不止息,恐上帝也要遗忘这样的孤独吧。

仿佛唯此,才可以剖析痛悔之心。

只这样的一幕,深爱你的他又如何忍见呢?你双手抱住十字架,又在自虐中背负,他走得岂会心安?

爱是恒久忍耐,又有恩慈。爱是永无止息,若你悲痛,他会更悲;若你喜乐,他会更加真心地为你喜乐。

你无需遗忘,相爱时请珍惜一起的分秒。若你已做到珍惜,就不必日日浸在伤痛里,怀思绣进了永不褪色的织锦,失去的爱并没有消失,只是变了形式存在。在相随的记忆里爱一直都在,虽然不能再牵爱人的手,再也不能弄乱爱人的头发,但附着在思念上的情感,与遥远的他相连。

若你未来得及珍视他的情感,那么要感谢他走在你之前,可以不必承受失去你的大悲痛。而在他离去之后,请好好生活,并且记得微笑。毕竟这些都是他期望的。

潇湘水深,苍梧山高,因爱里没有死亡。

安然度过爱情保鲜期

小阿:"我同丈夫结婚到现在,七年以来,丈夫对待我,总是与结婚那天一样。"

女友:"我昨夜还听见你们二人争吵的呢!"

小阿:"是的!丈夫与我结婚那天,就争吵的。"

是何时开始相对无言,话里的柔情见少?是何时激情不再,丰富内心不起涟漪?是何时不再郎情妾意,无视对方的病痛疾苦?而当初的执手相看,红烛夜生香之真之切,初时的邂逅、甜蜜的约会、热烈的拥抱,彼此庆幸选择的即是生命中最挚爱的人,何时又归于平淡,只余悠长的一声叹息呢?

在心里一遍一遍演习:感情不和、感情不和、感情不和……因为感情不和。心里咯噔一下,眼泪就涌出来了。设想了会遇到的千百个问题的答复,也无非是要坚定分开的决心。

毕竟多年的朝夕相对,不是十二万分的恩断义绝,提到离婚,任谁都会哽咽的。

"为什么离婚?"

"是因为,因为感情不和。"

面对着彼此的父母,小阿将操练了千百遍的这个答案吞吐出来,还是感觉到内心的艰难。他的回答是:"因为我对目前的婚姻感到不满。"

对沉闷的生活感到厌倦,夫妻关系僵持着,婚姻的效用指向负值,迫切希望打破它来获得幸福。假想新生活能带来正的效用,以期取得属于自己的快乐。

万没想到,被问的居然是"你们还爱着对方吗?"

"爱!"

几乎是异口同声的话音起落,演习了许多遍的答案全部被抛甩到某个地方,这么坚定而无疑问的答复,仿佛是内心久已深藏的。

——他还爱着她,一如她对他的感情。还要不要离婚?这是他们彼此的疑问,也是双方父母的质疑。

不如走一百步吧,背对背走完一百步,如果回头时能够看到对方,就重新开始一段新生活,如果看不到彼此,就永远行走,再不回头。

当小阿孩子气地提出这个荒唐的建议,明诚竟破天荒地没有反对。

就这样转身,背道相驰。

当爱情只剩下一百步……

悲哀漫过心头,小阿迈出了第一步,又一步,回忆蜂拥而至了——雨中的漫步,淋湿的衣服紧紧包裹躯体;雪天里吃着甜筒,感受着惊悸的寒冷快慰;那时怎不觉得冷?是几时被孤寂紧

紧纠缠,相拥也感受不到对方炙人的温度?

负重行走,步履维艰,在煎熬中走过一步又一步,克制不去回望他。

当五四三二一的倒数即将走完一百步,小阿的呼吸都跟着艰难了——是相守还是会分离? 一旦离开,人生的余路又该怎样行走?

生活的激情虽不复存在,但也并非窒息如死水。他的眉眼清晰如昨,日常的关照并未减少,可感情为何走到了这一步呢?

艰难地抬起脚再迟迟放下,多想回头告之吾爱——"如果失去你我将再无幸福可言,如果失去你我必然失去自己。"

终于不支,悲哀无助地抱住自己,恸哭失声。

"丫头,不哭。"温厚的手掌将小阿从地上拉起,带着她搂入怀抱,他的眼睛是那样真实的疼痛。

扑打他的双肩,终至哽咽,说:"我不要一个人走,我不要!"

像准备已久的百米赛跑却突然取消一样,明诚的泪情不自禁地呼之欲出,他紧紧拥住泪流满面的小阿,说:"我永远不会让你一个人走。我一直走在你的身后,我一直在等你回头。"

一栋因地基没有打牢而出现裂痕的房子,是修补还是拆掉?

一桩破裂的婚姻,是维持还是摧毁?

时间最是个顽童,慢慢随着表情偷换,恋爱时的童话到了婚姻才发现是现实的围墙,当急迫地要在婚姻的绑缚里冲撞而出时,试试婚姻只余一百步,验证一个人行走和两个人行走哪个更为艰难,这会决定你放弃左右摇摆还是选择在感情的缝隙里不断黏合,婚姻是向左还是向右?

爱,其实是让两个单纯的人变得曾经沧海,彼此依偎,在有限的时日里相伴,抚慰,取暖。它喜欢制造天长地久的海誓山盟,但它的短命又最臭名昭著,使爱存在的化学物质——荷尔蒙的寿命其实只有18~36个月。你对爱是何时开始厌倦的呢?请依照直觉在峰回路转中挑一个字。

A. 峰

B. 回

C. 路

D. 转

测试结果

A. 重山阻隔、针锋相对。峰是有"山"阻隔,容易针"锋"相对。过度敏感使你无法忍受对方缺点及不完美,从认识到分手差不多只需半年。

B. 回眸而笑、同进同退。"回"将下面的一横移到上面是同,心意相同相通很容易获得幸福,但美化的爱经过一段时间总会冷却。倦怠期大约是一年。

C. 相距日远、各行其道。路左面为"足",与"各"相配是各走各的,且距离很远。凭主观来判定爱情生死,爱情只能维持三个月。

D. 专车接送、每传必到。转是"专""车"接送,而且随"传"随到。恋爱高手的你,爱情倦怠期视心情而定。

幸福总会流失,源于最初的期望之深,才导致后来的失望之切。当婚姻摇摇欲坠如危房,摧毁远比修补更容易。只是一时的意气之争,谁能保证再觅一室的伴侣就胜过原来的他?想通过离婚找到通往幸福的路,却不自觉地拿新欢的缺憾与旧爱比较,这新的愁苦必将是摆不脱的苦痛的缘由——放任旧伤,新伤也会接踵而来。

确信彼此相爱,离婚就不是解决问题的方法。正如打碎瓷器容易,收拾好满地的碎片却难,结束婚姻容易,而另寻新爱且携手共度却难。

维持一段情感不变质,不干涸不是靠运气和机缘,而是需要努力、决心、计划以及实施。它有 N 个关键词:快乐、空间、尊重、信任、分享、倾听、接纳、亲密、真自我……

让自己快乐,让他快乐,善于制造两个人的美好时光;

给自己空间,给他空间,培养共同的兴趣爱好和朋友圈子;

尊重自己,尊重他的自由,彼此交流又独立;

给他一份必要的信任,不随便猜疑;

将彼此的梦想拿出来分享,包括对未来发展的计划;

在爱的名义下,认真地倾听,了解他的感受、思想,深入交谈;

发展爱的能力,接受他本来的样子,不刻意按自己的喜好去改变他;

掌握亲密的艺术,发展肢体语言和口头亲密的技术;

修炼自己的魅力,不断追求真自我,并帮助他也活出他的真自我。

浪是海的回音,

云是天的心情,

海传谁的声音?

天绘谁的深情?

风是秋的琴音,

雪是冬的恋情,

秋递谁的思音?

冬眠谁的爱情?

平淡的婚姻并不意味着爱已荡然无存,它只是沉淀了,困倦了,需以宽容作为盛装的器皿,懂得守护,懂得珍惜,把持这有限的时日,莫等到失去时才顿悟痛悔。

白头相偕并非梦想,当爱沉淀时,轻轻的晃一晃,唤醒它。明白了使爱保鲜这个道理,婚姻领域的任何学说都将被你顿悟。

与工作狂的相处之道

明诚:"自从咱结婚之后学习都耽误了。这两年啥证也没领到。"

小阿:"咋没领?不是领了结婚证和生育证?"

这是明诚给小阿的第一封信,也是唯一的一封信。

"亲爱的小阿:

见信好!

首先非常感谢你能够浏览我的情书,看之前请先高抬贵'鼠'点击一下上面的 Banner 广告,您的支持是本站发展的动力。

OK!谢谢。您现在可以把那个弹出的窗口关掉了,让我们继续吧!

亲爱的小阿,记得那是今年初的事了,为了庆祝我们公司首页的 Pageview 达到 100 万,我们几位同事一起去.com 庆祝一番,在山路我邂逅了你。在夜空黑色的图层中,你穿着一袭红色的外套从远处走来,像一个令人心动的 FLASH 动画闯入我的视野,当时虽然也有其他人在,但是只有我,只有我这颗装了插件的心才能领略你那 Flash 的风采!

那一夜我们相识了,你说你刚从北京大学毕业,我笑着说那可是个访问量很高的主页啊,就是校园网带宽窄不太好访问。你一听也笑了。由于我们离得比较近,分辨率比 1024×768 还高,我看见了你美丽的眼眸中闪烁着超过 32 位真彩的光芒,那是一种用 Photoshop 的滤镜也做不出的光芒。

亲爱的小阿,我承认在你之前我也曾经和几位女士有过友情链接,我的心中也一直存放着她们的 Logo,可是你知道吗?你早已被我添加进了收藏夹,你的音容笑貌像一个 Corldraw 做成的页面被我设为了首页,我身上所有的超链接都指向了你。不,请不要写上'target = blank',我不愿在另一个浏览框里才能看见你,我要你直接在我的页面上更新,让我们就这样改变彼此,慢慢融合。

也许我只是一个 Dreamweaver,也许我的一生都不能拥有 Fireworks,但是请你下载我的心声并用 Realplay 在线即时收听一下吧!亲爱的小阿,如果你的心会像 CuteFTP 一样具备断点续传的功能,那就点一下 file 里的"quick - connection"吧。

亲爱的小阿,我不愿在我们各自的首页设个图片链接就行了,我希望我们能一起在同一个虚拟主机里共度此生。

也许婚后我会面对花花世界中那'太极链'一样的诱惑,但是你会像一个永久域名一样留在我的心中。"

这样的信小阿读一次笑一次,明诚是 IT 行业精英,他的求爱信简直就是行业的广告语,因为这份与众不同,小阿喜欢上他。接下来,恋爱、结婚都是再自然不过的事。

以为明诚是风趣的,可是婚后,小阿发现全不是那回事。明诚有职业病,种种"劣迹"表现如下:

在杂志上看到下划线就用鼠标去点；

屁股钉在椅子上，恨不得把电脑椅改装成便捷式马桶；

网上有无数个名字，忘了自己叫什么；

网络上口若悬河，生活中有严重口吃；

他又有若干词条，譬如将约会说成"我准备去访问一个新主页"；对印象良好的人说成"她的界面看起来很友好"；将内急说成"我去释放一下内存"；将写情书说成"编写应用程序"；将求婚说成"你愿与我共享一台主机吗？"结婚时说成"我终于可以联网了！"婚检时说："我们去做个系统检测，顺便杀杀病毒。"打扫房间时说："把我们的桌面重排一下吧！"吵架时说："我们还有些不兼容。"得知小阿怀孕，他高兴地说："你在开发新一代产品。"喜得双胞胎，他哈哈大笑："有了一个备份文件！"

明诚一心埋头在工作中，递给他一杯水，他都会若有所思地问："小阿，你是拷贝过来的，还是移动过来的？"

明诚也晚归，日日将心思放在软件开发上，婚庆纪念日、彼此的生日、情人节等日子全不放在心上。小阿质问："看你的情书写的那么好，你当初追我时的浪漫哪去了？"

明诚便笑："你说那封情书啊，那是我们行内的通用情书，不过就是改头换面地转换人物名称罢了。现实生活中哪有那么多激情可浪漫？有那时间我还不如开发软件呢。"

看，他原是连封情书的时间也舍不得。小阿委屈大哭："那你干吗娶我？结婚还浪费时间呢，你干吗要结婚？"

明诚得意大笑："这一转眼年龄就奔三了，我想要个儿子，将我的智能完全拷贝给他。"

明诚婚前的优秀，肯于钻研放在婚后就是刻板，不解风情。对小阿赌气提出的离婚，明诚想不到哪里出了差错。他瞠目半

响,在小阿的离婚协议书写下:"如果失败的人生可以用 F5 刷新,如果逝去的岁月可以用 CTRL+C 复制,如果甜蜜的往事可以用 CTRL+V 粘贴,如果莫名的悲伤可以用 DEL 删除,如果一切都可以用 CTRL+ALT+DEL 重启,那么我们所有的故事都不会如 ALT+F4 一样结束。"

那些网络语言和符号成了极大的讽刺,小阿将枕头掷向他,绝望大喊:"去死!"

这世上没有完美的人,一个人重视事业,感情上可能不会那么细致,如果找到感情细致的人,他的事业很可能一塌糊涂。如果嫁给有钱人,食有鱼,出有车,却要忍受长久的精神上的空虚,空有表面的华丽;嫁给帅哥,是典型的自取灭亡。艳遇有如狂长的野草,快得容不得你斩尽杀绝;嫁给有闲人,虽然按时回家,做得一手好菜,却往往能力有限,必须千辛万苦打拼才能换取一份温饱;嫁给甜言蜜语的人,心情虽然格外舒畅,但你甚至都不知道你是第几个听到他甜言蜜语的人。一不小心在情感上与别人"分一杯羹";嫁给朴实拙讷的男人,他对你忠心耿耿,毫无二心,却往往愚钝得可怕,缺乏情趣的男人,只会令你的女性之美形同虚设;嫁给才子,婚姻虽然轰动一时,可是结果不甚美妙。他习惯左顾右盼,佳人,才女都是他注意的目标;嫁给专业人士,婚后虽然事情可以有他护航,可他们通常都很忙,有一种严谨的职业病,把你一个人困在婚姻里哀嚎;嫁给教师,虽然每年会寒暑假可以做家庭妇男,平日免费为子女做家教,但他很难有升迁机会,不会给你大惊喜。

如此对比,爱终有优劣,无法两全,能不能嫁一个既有钱又有闲,既有情趣又忠贞不渝的男人?

谁都生着这样的痴念,只世间并无这样的男子,即使有,也配不上——因为自身不够完美。

没有人是没有缺点的,也没有人是只有缺点的。守着凡俗的婚姻,谁都不能幸免。如果他因工作而对你的生活有所忽视是他的缺点,要想想他这样工作是为了谁?他给你无忧衣食,满足你金钱欲望,那些岂不是足够的爱与温情?既然婚前珍贵他对事业的执著,那么为什么要将婚前的看重转为婚后的不满呢?

演员入戏后很容易把戏里的情节带到生活中,一个对工作狂热的人也容易把自己的热爱扩展到生活中来。如何验证他是不是一个工作狂?如果他工作上面临难题他会向哪类人求助呢?

A. 异性

B. 同性

C. 年轻人

测试结果

A. 对你的关切程度超高,你是他生活的重心。

B. 爱工作甚过爱你,他对工作有着一种莫名的狂热。

C. 工作和爱情泾渭分明,是一个绝不会将工作带回家的人。

谁都是既有长处又有短处的,如果你只注意他的缺点,那你就看不到他的优点;相反,如果你注意到对方的优点,那么他在你眼里也只有优点。

情人眼里出西施并不是因为对方生来就完美无缺,而是因为你的眼里只能看到他的优点,即使有缺点,你也会尽量往好的方面去想,尽量为他开脱。所以,理解、宽容和尊重,发现他的优点并学会欣赏,包容他的缺点并懂得忽略,感情才能持久,爱情才没有遗憾。

事业和婚姻可以两全

女友:"婚后生活怎么样?"

小阿:"太好了!我老公画画,我做饭。然后,我们就猜测他作的画和我做的饭究竟是什么。"

绝不像藤蔓东攀西附,依靠自己、信赖自己、把持自己,摆脱世俗的羁绊,确信事业与婚姻可以两全。

然而生活中的变数往往是不可预期的。

小阿新婚不久就迎来了升职。公司将她作为独当一面的副总派往南方新基地主持大局,她喜不自胜,却考虑如何措词告诉自己的丈夫明诚。

明诚锁住眉头听着小阿谨慎的表述:"我只是离开几年,彼此的距离只会令感情更为牢固,距离其实不是距离,是信任和爱。"

明诚终于按捺不住:"你走了我怎么办呢?这个家怎么办呢?说到信任,说到爱,你为什么不爱我不支持我?你到那边是去开创你的事业,却不顾及这边有我的事业。身为女人本就该相夫教子,我不可能放弃事业而去尾随你,你又为什么不尽人妻的责任来做一个我背后的女人?

况且这样天各一方的日子,你不觉得对我们的感情是考验吗?我已经等了你那么多年,你现在又让我苦等苦盼几年,你对我公平吗?谁又能担保你不会在我之前变心?"

小阿百口难辩,与明诚相交甚密时她选择迈出国门留学,工作。明诚一人留在国内打拼,身边少不了美人在侧,但明诚目不斜视,他在事业上稳扎稳打,珍惜自己的每一步努力,他在越洋电话里哽咽,"小阿,你不知道我等你等得多苦多累?我是在等倦鸟归巢。"

明诚不肯出国发展,小阿只好放弃在国外发展的大好机遇选择归国,万没想到日新月异的祖国,胃口似乎不再适应半中半西的菜肴,就好像馒头夹了牛排,或者豆浆就着面包,当年打破脑袋出国留学的海归派们,居然一时间成了滞销货。

很久找不到工作,因小阿一直做财务工作,又有海外工作经历,所以猎头公司就把她推荐到欧美驻国内的分公司,财务体系等各方面情况同她的专业知识也比较吻合。然而,事情的发展却出乎预料,那些公司认定小阿虽然工作经验很丰富,但她却没有国内的工作经验,完全是那种纯西方的管理模式。而他们设在中国的又是合资公司,一些财务的处理必须适应中国本土的财务管理状况,就这样小阿一次次被拒之门外。

而明诚并不介意,他深情拥着小阿说:"我们离散的时间太长,现在的分分秒秒都是对过去的补偿,你不要出去工作。"

婚宴延续三天,而小阿在相拥幸福的同时烦忧未解。

一次翻译机会改变了她的待业状态,小阿的表现让老板很满意,于是她获得了在这家公司工作的机会。小阿异常珍惜,而上司的赏识,独立担当重任也是她求之不得的。机会不常有,一旦放弃,小阿不确定还有未来。

但春宵苦短,衾帐余温未去,情义无价,寸阴堪惜。明诚怨气怎样消除?

其实每一个人对幸福的定义不同,有人觉得对方如果家财

万贯就会觉得很幸福,也有人觉得自己的她是美女就很幸福,还有人认为只要相爱的两个人可以终日相守就会幸福,他是哪一类呢?和他玩一个游戏,告诉他误闯进一间黑店,老板端出的饮料中只有一杯没毒,请他选择希望之杯。

A. 刚挤出来的鲜牛奶

B. 浓浓的美式热咖啡

C. 一杯纯净的白开水

测试结果

A. 甘愿型。爱上你就会觉得自己超幸福,会理解并支持你的一切决定。

B. 欢喜冤家型。非常自我,虽然深爱并支持你的工作,但常常会因你的决定而拌嘴争吵。

C. 忘记一切型。他非常独立,也知道自己要的是什么,不强迫你做任何决定。

婚姻不是闭关锁国的开始,而是两个世界的并驾齐驱。女子固然该对婚姻负责,但绝不该让自己困守围城。如果婚姻变成"牢笼",那么为什么困住的该是你而不是他?如果幸福不可以并驾齐驱,又有什么权利此消彼长?

在男性丛林里如妖娆植物生长起来的职业女子,受惠于现代物质文明,成就亲和、感性、细致、机敏和善于折中与回旋的特质。生活对她而言不仅仅是活着,更是充满色彩、趣味与生机的生命之旅。家庭并不妨碍她单独行动的权利,她不应该放弃一个人的天空,她理应享受生活中的每一天,她可以在起伏不定的生活中周旋打理,找寻快乐。这也是男人应该给予的最基本的敬意。只做女子不易,做成功女子更难,困扰职业女子的三大焦点分别为时间、性和金钱。

身心劳碌,脚步匆匆,家常常成为空巢,不一致的脚步又导致刻意营造和谐的性爱,而成功的女子身边的男人更会因为妻子的出类拔萃身心受抑,一旦妻子的收入成为家庭财政的主要来源,这会严重挫伤他的自信心。

障碍和荆棘不可避免,被忽视、被遗忘甚至被嫉妒的感觉对于婚姻的维系来说是致命的。稳定的家庭和婚姻,需要有很多常人难以想象的应对技巧。这好比在尼亚加拉大瀑布上走钢丝,无论你往哪一边稍微偏一点,栽下去便是万丈深渊。

输了他,赢了世界又如何?

即使表面上流光溢彩的生命也常常是孤苦寂寞的。在小矛盾演化成大麻烦之前诚恳地讨论至为关键:将工作重点安排在对方业务相对清闲的一段时间,这样家庭就不至成为空巢;约定共同的时间,享受放纵的性爱,体验身心的全面愉悦与放松;平衡收入,将其中的一部分购买保险作为不动产。

婚姻与事业其实并不矛盾。并非要恪守哪个先哪个后。在顺其自然的同时,明辨不同时段中事业和爱情的轻重缓急,明智地思考后再做出适合自身的选择。所谓的"工作好不如嫁得好"已经不是一个追求独立的前卫女性的时尚宣言,站在男人背后做单纯的理想主义的守望者也不明智。如果身无长物,想凭着年轻和美貌尽早为自己找个好归宿,就算能实现,也未必能长久,因为年轻很快就会逝去。而婚姻又会占用你成长学习的时间和精力,到时候难保不会后悔。

婚姻是放养还是圈养?如果不能同心同德,如果不能得他体谅理解,单飞胜似双行,即便自由与孤独为伴。

不做周末夫妻

小阿:"我丈夫再有一个小时就回来了。"
明诚:"我可是什么也没干啊。"
小阿:"我只是提醒你时间。"

一见钟情,相恋、争吵、分手、和好;结婚、生子、争吵、离婚、复婚;最初的激情逐渐散去,彼此的个性越来越鲜明,矛盾也如聚沙般越攒越多。这样分分合合又亲密接触,在一个又一个的循环中过了一年又一年。每次的循环又如出一辙,先是小吵,慢慢地变成大闹,然后是怒目相向,甚至伤筋动骨。恶狠狠的话谁都讲过,却没有做出真要离开的举动。好像所有的生活已设计在先,像荡秋千一样,上扬与下坠完全在人的控制之外。

明诚是越来越震怒,他没想到他身边的女人竟这样悖逆他的想法,而小阿也觉得自己不可以顺从他来打击自己的尊严。于是彼此挑战,改用另一个方式对决——分居。

明诚庄严地睡在客厅,他觉得,他要好好地教训这个女人,方法就是不跟她睡。小阿留在卧室的床上,她开始怀疑,她跟这个男人是否可以共度余生。

晚上起身去卫生间的时候,看到明诚睡在地上,朦胧的星光下,疲惫的他蜷着,他闭着的眼里一定装满了落寞、盛满了辛酸;清晨去卧室取自己的资料袋,看到小阿侧身躲着,虽然看不见她的面目,但知道她的泪一定流了满面。

从前,床头吵床尾和。不管多晚,她都会等他回家,话话家常;从前,四两性爱拨动千斤感情,不论他多晚回来,都会向她展现暖暖的微笑;现在一句软语温存,一个深情的拥抱同样可以化解无形的壁垒,但谁也没有去安慰对方。

用夫妻间的事来制约对方,感情越来越疏远。他晚回家,她便没有好脸色,怨他耽误了自己睡觉;他扔下包,倒头大睡或是看看自己心爱的碟片。

小阿说:"你越来越不爱我,越来越不爱这个家,眼里除了工作还是工作,家,对你来说只是旅馆。"

明诚回问:"你几时爱我爱这个家?你变得唠叨不体贴,我这么累还不是为这个家?"

他更醉心于工作,用工作来麻醉自己,把更多的孤寂留给了她;她迷上了上网聊天,打发无法喘息的孤寂。

咫尺天涯的感觉令谁都要感到心寒吧。

各自在外面租了房子,周末才回家换洗衣裳。别人做周末夫妻原因不尽相同,而小阿和明诚只是出于对对方的惩罚。

在后来的相逢中,同一句话未曾谋算却一齐出口——"天冷了,多带些衣服。"

冰冷的空气忽然暖热起来,明诚拥紧了小阿,小阿安静伏在他的怀里倾听着熟悉的心跳。他转过脸,用温热的唇寻找着久违的温情;她用热情回应着温热,用心地感受着他的力量,释放着自己的快乐。

那一刻,她忘了他的不尽如人意;他忘了她的唠叨,两个人,融为一体,不分彼此,没有埋怨,没有猜疑;有的,只是数年积累的爱,数年积累的情。

这一次完美的水乳交融令他们找到了新的交流方式,明诚订下君子协议:婚后各自生活,互不干涉,大事商量,夫妻之事,

留到节假日再去做。小阿击手唱和以示赞同。每周一次的相聚避免了平日里的口舌之争。

而余下来大片大片的空白时光怎么打发?

小阿在明诚的新家里发现了陌生女人的洗漱用品,明诚发现了小阿开着的QQ里有一个聊得亲密的男人。

明诚断然否定了小阿"只是聊聊"的解释,而对于小阿的质问,他说:"男人永远将性放在第一位。"

怨恨已不居首位,只余不停地追问:"我该如何做,才能够找回他对我的爱?"

该如何做,才能够找回失去的爱!恋爱多年,已习惯了用分居来控制对方,可谁能够永远接受被操纵的身份呢?爱情从激情趋于平淡,只需要亲情来维系。人的耐心都有底线,当你对感情还在拿捏,他是不是已经到了承受的底线?那些因事而迟到的旧日,他通常是以什么样的姿态在等你?

A. 以手托腮

B. 双手交叉在胸前

C. 一只手握住另一只手的手腕

D. 双手插口袋

测试结果

A. 转移注意力的表现。这个小动作只显示他的无聊,并不表示他的不耐烦。

B. 大男子倾向。已经感到不耐烦了,尽管忍住责备什么都不说,但不代表他内心对你的纵容。

C. 优柔寡断。很能忍耐,也因过份重视你的意见而事事要你决定。

D. 有原则的人。他可以很有耐性去处理繁琐的事,但对于不守时这件事,他通常会狠狠地教训你一顿。

这个测验是在了解他对你的耐心有多少。肢体语言是最直接传达内心想法的工具,尤其是在不经意时流露的姿态,往往是最真实的心声。如果他已经有不耐心的征兆,那么再考验他的耐性已是徒劳。

当两人之间的矛盾已经接近边缘,消极的分居不是挽救,不是珍惜,而是雪上添霜,它不能使婚姻起死回生。亲密关系的第一要素就是真实。如果抛开了真实,再美好的东西,也是镜花水月。以为两个人会彼此想念,彼此需要。而所谓的需要不止限于生理,还有心理层面上的,分居对这二者都是毁灭性的破坏。拉长空间的距离来缩短心理的距离,心因为分居而无从谈起;生理上只会因拉开的距离而加深彼此的分歧和裂痕。

婚姻是人生的一颗果实,它并不是不变的。纵然是海枯石烂的关系依然会萌生出很多问题,或属于生活细节方面的,或者生活习惯方面的,抑或是更加严重的不测事件。对待有出问题的婚姻只有目光向内,反思自己的生活内容,积极努力地扭转婚姻的局面,心理咨询完全可以使生活得以继续。而自欺欺人只能事与愿违。钝刀割肉的感觉只能是凌迟之痛。

日复一日的平淡遮住了爱人的光华,每一种相处,都有难处,每一个人,其实都相去不远。我们要记着对方的好处而不是坏处。

准他留有回忆空间

小阿:"昨天晚上你睡觉以后,我把你裤子口袋里的破洞补好了。你说,我是不是一个很体贴你的人?"

明诚:"那当然!你一直对我很体贴。可是,你是不是可以告诉我,你是怎么发现我的裤子口袋破了一个洞的?"

人生不满百,相爱几十年,何必用许多假设,许多猜疑,甚至设计各种方法,去验证自己的爱人呢?

小阿一直不满明诚保留和小媚的照片,总觉得那些相片躲在抽屉的角落里观察她、嘲笑她。

也想着对明诚的过去既往不咎,但偏偏生着隐隐的担心,越担心也就越发想知道得更多。明诚却是粗心的人,他根本不会想到他的坦白会让她担心和疑虑。在小阿的再三诱导下,明诚淡淡地讲述过他曾经的罗曼蒂克。虽然他努力轻描淡写地诉说,但小阿看他仿佛还是余情未了的样子,或许是他的收尾工作没做好,或许是她爱钻牛角尖。

在小阿对着那些相片醋意大发时,明诚掩饰不住内心的失望,安慰道:"难道小媚不曾是你最好的朋友?你对小媚真的一点怀念都没有吗?我认识她毕竟在你之前,你怎么能将我过去的回忆都挖走呢?况且我和她已经是过去完成时,和你才是现在进行时。相信我!"

当初小媚与明诚分手,她身边的好友小阿才有机会接近明诚,而如愿嫁做人妻,小阿也始终对此耿耿于怀,她总觉得明诚娶她只是出于对小媚的怀念。

怀着心结的小阿故意制造各种机会,让小媚和明诚相处,她也邀请小媚到家里来。

不拘小节的小媚进门就对明诚夸张惊呼,还非常熟络地对明诚耳语,全然不顾如坐针毡的小阿。席间,又执意举杯与明诚对饮,明诚拒绝,她就不甘,还说特别喜欢和明诚喝酒。小阿难堪地沉默,小媚戏言小阿沉静,倒不像是明诚的老婆而是女友。明诚渐觉不妥,拍拍肚子站起来,"来来,和小阿说说话。我久坐劳累。"

小媚竟也顺手拍拍明诚的肚子,随口应道:"久坐劳累?莫不是被小阿掏空了身子?看来我要和小阿好好讨教一下房中术。"

轰的一下,小阿的脑子乱了,她随明诚起身,表示自己身体不舒服要出去,小媚执杯怔在原地。

宾主不欢而散,背地里明诚说:"小媚,并不该出现在这里。我们的生活很平静,你这样做令我很尴尬。"

"喔?你会觉得尴尬?我准你保留记忆,准你保留过去。她是你的记忆,你的过去,你若真是行为坦荡,还会害怕面对你的记忆,你的过去吗?我选择成全,不是为了使你们旧梦重圆吗?"

明诚哑然。

小阿对明诚的忠诚考验已近偏执,她迷恋这种方式,她渐渐变成了一个让明诚不安和紧张的人。而小媚给了明诚自由、轻松、宽容、温暖,渐渐地他情感的天平倾斜了。

很多时候我们并不明白婚姻只不过是多了这样小小的考验,就导致了不同结局,乃至成败。面对他的旧情人,你是否能够保持清醒头脑,还是陷在混沌迷茫之中?平日里他的哪种眼神令你沉醉?

A. 纯情又单纯的眼神

B. 崇拜你、视你为偶像的眼神

C. 看你看到发呆的眼神

测试结果

A. 你会因为他赞美别的异性,或是和旧情人联络而打破醋坛子。

B. 一旦发现他心在别处,强烈自恋的你会在最短时间内再找一个意中人。

C. 当得知他背叛你,你那慢半拍的反应会让伤害降低到最低限度。

人携手为缘,相遇为缘,相守亦为缘。谁都愿意自己是他唯一遇见的人。而他又如何预知一切,守着大片情感的空白等着你一人的到来?婚姻是正确的时间与正确的人的结合,之前种种好比一场鼓乐喧天的戏,既然你是最终出场的主角,又何必在乎之前登场的配角的表演?

是否知道过去与婚姻幸福并不相关,是否相信一个人是一种感觉,完美的婚姻不是建立在你的烦扰之上,虽然你觉得必须知道关于他们的一切。但事实上,除非你能做到可以相信所有的事情,否则一些泄露的东西,只能让你感到恐慌。

雄性的自尊是重要的事情,真诚亦有限度,什么是他最常见的秘而不宣,不作张扬的话题?除了金钱,工作上的失败,更有异性的交往,无论这个异性是存在于过去还是现在。

有种男人,信奉对十三岁以上女孩,注意发掘;对小于十三的,要有战略性眼光;对于靓女,争取多夜情;对于恐龙,尽量回避;对于辣妹,彻底征服;对于小家碧玉,培养成淫娃。

有种男人,宁负天下,不负红颜。佳人倾城倾国,数世轮回亦未必得见。偶一相遇,自当珍惜。他为着爱的人尽可以舍生取义,将千军万马的杀伐气,化作了美人一笑的绕指柔。若她发生意外,他必不能独活。

有种男人,和爱的人根本没有在一起的可能。从他们见到彼此的第一面时开始,后事,就已注定——不是死别,而是生离。所以他不存相守的奢望,他给她祝福,也安静走开,他懂得爱不需要证明,真爱也无须考虑前因后果,他清楚知道自己该做什么,并且知道该怎么去做。他仅存内心的也只是一个回忆而已。

忠诚是最强有力的姻亲关系的根,回忆过去并不代表要回到过去,如他不是滥情的人,他对过去的沉默和隐瞒有何不妥?

一味对婚姻品质要求直线上升,但相爱的能力与技巧却未能相对提高,考验忠诚并不可取。一旦他的旧情人重现在他的生活里,切记以下几条忠告。

保持善良心态,拒绝敌意滋生;
搞清楚是怎么回事;
要做到问心无愧,不留懊悔之后患;
离偏见远点;
给自己一个疗伤的时间,别急于解脱孤独;
在情感问题上不要追究责任,也不要追求公平;
好好把他的过去打包封存,轻易不要开启,怀旧;
计划一下以后的生活,重视情感之外的价值追求;
从现在开始试一试体验并欣赏独处的快乐;
每天对自己说:我们的婚姻很好。

爱情如戏,而编剧和导演,其实就是我们自己。与其幽怨,不如为自己改写一个新剧本,也许没有悲剧那么悲戚,没有喜剧那么搞笑,没有言情剧那么浪漫,但却能让我们踏踏实实地得到幸福。

感情不需要誓言

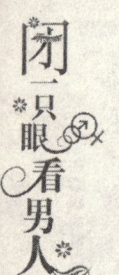

小阿:"曾经你不是发誓要永远做我的忠实奴仆吗?"

明诚:"那是当时的情况决定的。当时你把我当成另一个人。"

小阿:"现在呢?"

明诚:"现在我做我自己,我应该从奴隶晋升为将军了。"

以为善待感情,就会有相应的平衡来回报,后来发现这不过是维持爱情的借口。

小阿刚刚打掉与明诚的孩子,从医院出来的当天,明诚就说自己将要远行。他从口袋里摸出不多的钱,往小阿的怀里塞。小阿震颤着用手挡住,顺势将他推得很远,也将自己初恋的时光推掉。

虽然喜欢和他在一起的感觉,迁就他的种种不良嗜好,以为付出也是快乐。但有些矛盾不在于付出,而在于太多无奈——爱情中谁若甘心为奴,只能被丘比特的箭射伤。

这次的痛对谁也没有言明,但累累的创伤却交覆下来,一次次地拒绝新的感情,直至遇到成。

他的目光越过人群,看到她;而对于他的邀请,她无力拒绝。

只是要怎样泾渭分明地辨别他与他?

是与明诚太过相像的一个人,剑眉星目,棱角分明,成熟稳重,那挺拔的身姿站在再多的人当中都算醒目。

那几近相同的脸使小阿被记忆中的点滴轮番撕扯着,表面故作的坚强却实在抵挡不住因伤感而带来的虚弱和疲惫。那时成的电话和短信问候,是她唯一的慰藉和支撑。

既然,爱痛,不爱亦痛,为什么不爱呢?

——"谁都会走错,这并不妨碍我们的相处和我对你的欣赏。"在星巴克,小阿忍泣良久,将她与明诚相处的时光一一道来,便得到成的安慰,他又说:"我也感谢你的坦诚,感谢我与明诚相近的面貌促成你的情近,但,明诚只存在过去,我希望我们以后的路不再有他的影子。我只是成,不是明诚。"

感激成如此宽容地给了自己一个阳光的出口,感情像是被重新收留了,表面上好像初恋的伤痛渐行渐远,而只有内心才知爱得是如此疲惫而艰难。因为,把明诚放在了生命中太重要的位置。

相遇直至相偕只用了短短的时间,当大红的喜字贴满新房,成温柔向她俯身的刹那,一个名字禁不住冲口而出——"明诚!"

无法安置的心情在心底蔓延、膨胀,以致感情也向互联网上的电脑一样,被快速地感染了病毒。矛盾终于像夏日午后的暴雨,不可收拾。

不堪忍受,也无法忍受。但却未减少对她的感情。

成晚年得了不治之症,他说:"很遗憾我没有太多的时间可以陪伴你,我是多么希望可以陪你走完一辈子。"他时常硬撑着睁不开的双眼,在半梦半醒、迷迷糊糊中道歉,语焉不详地说着

不知道自己为什么会睡着,然后像猫一样的蜷曲在她身前,将她裸露出的手放回被子。

将脸埋在被子里,才能使泪水汹涌而出。时光郁郁,而那个风雅的男人的青丝早已变成了白发。而她,竟没有好好地爱他一次的机会,将赋予在明诚身上的感情重新收回,好好爱他,将他当做他自己来爱他。

爱情童话为谁守候?一直一直,成温暖的怀,宽厚的胸,孩子气的笑,哄她开心的样子根本就是与明诚不同的,那样至情的行动是明诚做不出的,那样至性的言语是明诚说不出的,而为什么要逃避内心?明明清楚成对于她生命的意义,那种早已根深蒂固的位置已然就是心中的不舍和疼痛,为什么没有早些告诉他?

一个人是可以同时爱上两个人的。一个是想象中的他,一个是现实中的他。将现实的他改造成理想的他是妄想,而将理想中的他与现实中的他相融才完美。因为一直是现实中的他给你想要的一切,包括爱与宽容。只你是这样明智的女子吗?给你纸笔要你画云和山,你会怎样画?

A. 将云朵画的比山峰低

B. 将云朵和山峰画于相同高度

C. 将云朵画的比山峰高

测试结果

A. 念念不忘型。过往始终是你的心结,无论遇到谁与谁在一起,旧爱始终是最沉最重的。

B. 寻找替身型。易对与旧人相似的人动情,不管新人怎么优秀,却脱不了将新人做旧人。

C. 斩钉截铁型。活在当下,不纠缠于过去,更在意现在的生活和现在的恋人。

很多人喜欢追求心里的原型,内心舞台上演的,永远是凄婉、唯美的爱情童话。在这个童话中,无论那个他曾如何不堪,但固执的内心却永远痴情、忧郁,为爱守候一生。重新选择的人只为符合心中原型童话版,爱上的也并不是他,而是记忆中的影子,或者是自编自导自演的这个剧本本身。

邀请来出演的人,给予欢乐也给予伤痛。亲密对你而言意味着某种危险,你焦虑、恐惧、回避,却又不能放弃。而先入为主的印象早已设定好所有的情节,那自认的完美,使你已经很难去接受除此以外,认知之外的另一人。这人纵是执手走一生。

总是将爱留给逝去的人,将回忆留给拉不回的过往,对于身边的他是否公平?迟迟不肯担当抉择的权利和责任,是等着同样钟爱的戏剧曲终人散么?

逝者已矣,来者可追。对于无法挽回的事过于强求也不幸福,爱情是两个人的事,而留在身边的已不是那个不爱自己的人。与其花时间郁郁而闷,倒不如在判断时多想一想,什么才是不悔的决定。瞻前顾后,怀疑自己的眼力,只能错过世上最好的麦穗。

放过自己,不再对往事心心相念,宁做寡情人,不走回头路。

你的他是 Gay 吗？

小阿："把我脚上这双鞋送给你的新欢吧。"

明诚："开什么玩笑？"

小阿："你不也是我穿过的鞋吗？"

明诚："我的意思，你让一个大男人怎么穿一个小女人的高跟鞋？"

足足四千万身份暧昧的人散布在人潮之中。他们谨慎疏离，面上笑容模糊灿烂，彼此用目光搜寻同伴，用对视催燃激情、标志身份，他们身体相近，有着一个共同的名字——Gay。

不管小阿对这个词汇如何恐惧、不理解或避讳、躲闪，还是听到明诚语出惊人地吐露："我是 Gay。"

一次次感知到明诚情人的存在，原本以为对手是个妖媚的女子，却没想到明诚的"爱人"是与他同样性别的男人。

败给强势女子也就心甘吧，但，对手偏偏是个男人。多年的耳鬓厮磨倾心授受没有爱，也有亲情和道义，临到后来，竟是连个男人也不如？

"Gay？"

受尽惊吓的小阿手抚胸口，试探问："你可以让我同他见个面吗？"

"为什么要见面？我又没打算和你离婚，他也不是性交易者，我只是喜欢和男人在一起的感觉，那是女人无法给予的。"

小阿狐疑地打量明诚。若说有哪里不同，这个男人，无非脱了年少的青涩，自练达的世情中将眉眼积蓄下更多的沉稳，这样一个男人中的男人，在生活指定的步骤中一贯按部就班地行走，几时成了同性恋？哪里有一点点同性恋的迹象？概念中的同性恋该是皮肤惨白，走路轻浮，女里女气。

自以为了解他，却不知道他所想所爱。这个终生相托的，一直以来相拥共枕的，忽一日醒来后发现并不识身边人！他的眉眼依然清晰，却从未走进他的内心。

要怎样与断袖之癖的他相处？是不是要因此而分手，将无限旖旎过去决绝劈开断然转身？转了身，又觉出种种的好：明诚爱家，呵护妻女，有责任心，一贯有好丈夫好父亲之仪。对于女人来讲，这万不可缺。抛却他的错误，明诚仍然是男人堆里不可多得的好男人。

明白了这一点，也知道有一个实实在在同自己一起分享明诚情感的人并不会抢去明诚，现在所要做的只是弄清明诚的内心，到底存在着怎样的心理障碍？

报名参加了为"Gay"服务的志愿者活动。服务的内容是为同性恋者做情感和健康方面的咨询，小阿借着做助理的工作走近了与明诚相似的一群。

走近，不仅为了解和关心，最主要的是探询他们性取向的本因。

随着越来越多的同性恋面孔浮出了水面，也带来了越来越多的术语所熟知和铭记，譬如：

CC——娘娘腔；

BF——男朋友；

Les——女同性恋/拉拉；

Gay——男同性恋/同志；

P——柔弱、被照顾；

T——有理性、坚强有力；

MB (money boy) ——性交易者；

419 (for one night) ——一夜情；

长期匿于幽暗，一旦放置于阳光下，这群特殊的性取向者有着愤然的自卫。

Gay 中扮演女性角色的男人害羞地问："为什么人们能够接受新事物，却不能理解我们？"

Les 中扮演男性角色的女孩子伸出小兽一样的触角："我就是同性恋，但我招谁惹谁了？"

他们常常语出惊人："同性恋又如何，自由选择自己想要的生活方式是一个人基本的权利之一，而且，这种生活方式没有伤害到其他人。让同性恋和异性组成所谓的'正常'家庭才是最自私的做法——不被爱的异性配偶是这场妥协命定的牺牲品，这种同床异梦貌合神离的婚姻，本身就是对于婚姻的亵渎。别跟我谈'同性相斥，异性相吸'的天经地义，难道化学界的相似相溶原则不也同样发生并普遍存在于无可辩驳的自然么？"

在很多社会学者那里，同性恋也是生活方式的一种，他们在挑选爱情的时候，有一点点别的想法。而这出于本心的想法无碍他人，也就无可批驳。

小阿服务于同性恋者，她只是一个旁观者，她将同情、怜悯纠结一起，对同性恋者执拗的内心有着无能为力的挽救。

对明诚又不同。她是他精神世界的参与者，引导者。明诚有着矛盾合一的情感双向性，他既不厌烦女人，也不拒绝男人，只是情感走向略有偏颇和倾斜，但非一味执拗专情情感偏执，因此，小阿有能力将他拉回到正常的生活方式上来，挽救他，也就是挽救自己。

这之后,小阿设身处地改变明诚。每逢有聚会无一例外地让明诚陪在身边。她还说服他去看心理医生,每个星期一次,看得出来,虽然明诚不是很情愿,但他还是接受了她的建议,并且也在按照医生的建议慢慢地改变着自己。

有几人如小阿一样在遭遇到"同志"这个棘手的难题时能这样聪明自若?有几人能猜测在貌似幸福的婚姻表象下,隐藏的是焚身自燃的烈焰还是冰火两重天的缠绵?那个身边的他,是一个性取向健康的男人吗?看一看他平时喜欢什么颜色?

A. 橘黄色或褐色

B. 红色或绿色

C. 蓝色或紫色

测试结果

A. 完全无同性恋倾向。

B. 中度同性恋倾向。虽然不会在日常生活上发生实际的同性恋行为,但在潜意识中却极易对女性感到失望或产生不洁感。

C. 高度同性恋倾向。他会被男性化的女性所吸引,且会迷恋到无法自拔。

谁说过,每个人心中都有一个上帝,但同时也有一本圣经压着?本是一样的普通人,有着相似的情感体验,不同的是爱慕的对象略有偏差。而性这样的私密事终究只关自身,无碍他人,只要同性恋恪守交往的底线,能够做到不伤害他人,又何荣?何辱?何咎?谁又赋予我们特权,可以非议妨碍他人的情感?

很刻薄地嘲笑他,以恐惧和偏见另眼看待有同性恋倾向的

人,排斥和自己不一样的人,自己不喜欢的事,想出千万个理由来反驳。以同性恋之间的滥交、勒索或者凶杀作为反驳他们存在的最强有力的理由,但个案终归是个案,这样的个案也绝不是同性恋的专利品。

同为上帝的孩子,他们并不是异类,也不是天生的同性恋者。他们的爱理应如常人一般得到祝福。如果对拯救行动将面临的困难和挫折认识足够,完全可以将理性的同性恋者拉回到正常的生活轨道上来。

很多异性恋的女子,对夺去了所爱,隐身暗处的同性恋者怀着憎恶,但是憎恶只会令心情更加灰色。何不用自己的努力,点燃所爱人心里的那盏灯,照亮自己也照亮他呢?

后 记

亲爱的,男人是女人的事业。

你努力经营你的事业,却未必能收获理想的成果。谁摘了你的花?谁又窥视你的果?自家的红杏是否仍安于枝头?

对情有所畏惧?亲爱的,这大可不必,男人也远非你想象的那样复杂,当你微观对比他们上半身和下半身肢体对爱情的不同态度时,你会发现男女性别的天然差异以及不同男人的个体差异决定了在交往、了解、调适彼此关系时也要适时、因人。这本书写给亲爱的小女人,聪明的你,自然懂得什么样的情感该收该放。

经营和驾驭,同样快乐。

亲爱的,还须承认,我不是爱情专家,这些典型的案例写下的亦不是男人的全部,如你觉得未央有言之未尽之处,或是有话说与未央,欢迎信函联系。附耳私语,我在听。

愿担承幸福,携手走出迷茫,于你,未央信箱不设防。

还要说的是,在将人性看穿看透,在将他看穿看透之前,在爱他之前,记得首要的是爱自己。

学会爱自己,才能更好的爱他人。

世间有真爱。

这本写给亲爱的聪明的女性的书,在大的情感领域,并不曾将男人拒之门外。

毕竟,女人经历的男人也都在经历着。

且,人性有优劣,擅于伪装的不仅仅是男人。

请关注未央下部剖析女人书——《闭一只眼看女人》

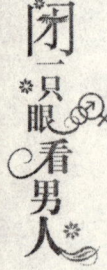

致　　谢

感谢媒体策划人肖欣女士,对此书提出了宝贵的建设性意见。

感谢汪达环先生和卢跃飞、李明先生,他们给予未央莫大的信任和帮助,使未央的策划顺利实施并得以拓展。

感谢天津科学技术出版社杨庆华老师,对此书及未央本人给予的肯定。

感谢本书的责任编辑吴文博和出版人张永见,对此书付出的不倦辛劳及给予未央亲如兄弟般的友情。

感谢一直关注此书及未央个人生活的兄弟姊妹、同事、家人,感谢阅读此书的亲爱们。

大爱无言。你们的情谊,最可珍视。

读者互动卡

姓名_____

性别_____

年龄_____

职务_____

亲爱的读者,正如未央在漫画插图里所要表达的:每个女人都可能是小阿,每个男人都可能是明诚。

生活大而无边,所有的问题男女都可能是小阿和明诚的演绎,未央塑造了小阿和明诚。而他们的成长,却在您的注目下。

这是专为您而设的题目,欢迎您能积极响应。

关于男女两性,您最关注的是:

_____

如果此书关联话题互动,您希望是什么样的话题?

_____

您希望将小阿和明诚这两个人物安置在怎样场景中?

_____

亲爱的读者,未央看重您的看重,也盼望您的呼求和回应。为回馈您的关注,未央将选出18位参与此书话题及书评的热心读者,并赠予一本亲笔签名书,更可有机会与未央零距离接触。